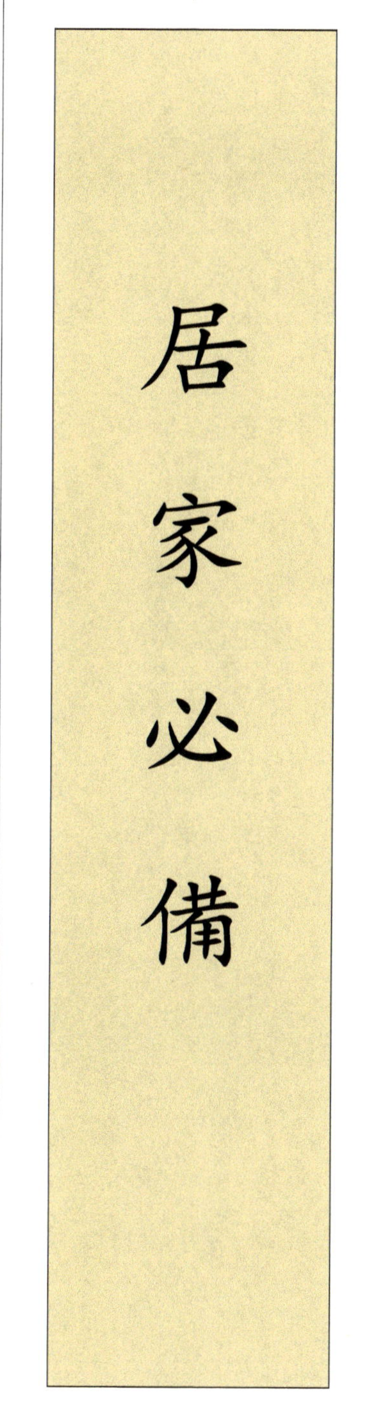

明刻本

2

居家必備

四

居家必備卷四

治生下

物類相感志

田家五行

吳郡婁元禮

雜占

論日

日暈則雨諺云月暈主風日暈主雨　日脚占晴雨諺云朝又天暮又地主晴反此則雨　日沒後起青白光數道下狹上濶直起亘天此特夏秋間有之俗呼青白路主來日酷熱　日生耳主晴雨諺云南耳晴北耳雨日生雙耳斷風截雨若是長而下垂通地

朔又名白日幢主久晴　日出早主雨出晏主晴老農云此時言久陰之餘夜雨連旦正當天明之際雲忽一掃而捲即光日出所以言早少刻必雨立驗言晏者日出之後雲晏開也必晴亦甚準蓋日之出入自有定刻實無早晏也愚謂但當云晴得早主雨晏開主晴不當言日出早晏也占者悟此理　日外自雲障中起主晴諺云日頭趕雲障晒殺老和尚　日沒返照主晴俗名爲日返塢一云日沒胭脂紅無雨也有風或問二候相似而所主不同何也老農云返

照在日沒之前胭脂紅在日沒之後不可不知也
諺云烏雲接日明朝不如今日又云日落雲沒不雨
定寒又云日落雲裏走雨在半夜後已上皆主雨此
言一朵烏雲漸起而日正落其中者　諺云日落烏
雲半夜枵明朝曬得背皮焦此言半天元有黑雲日
落雲外其雲夜必開散明必甚晴也又云今夜日沒
烏雲洞明朝曬得背皮痛此言半天上雖有雲及日
沒下去都無雲而見日狀如岩洞者也　已上皆主
晴甚驗

論月

月暈主風何方有闕即此方風來　新月卜雨諺云月如挂弓少雨多風月如偃瓦不求自下又云月偃偃水漾漾月子側水無滴　新月落北主米貴荒諺云月照後壁人食狗食　作竊者易敗果驗　月初始生前月大盡初二晚見前小盡初三晚見諺云大二小三　初五夜裏更半月初八廿三上落半夜十二夜裏天亮月十三四大明月著地十五十六正圓圓十七十八正轟喧十八九坐可守二十二十一月

上一更急二十二三月上半闌殘二十四五六月上好煮粥二十七與八日月東方一齊發二十九夜略有上弦初七八九下弦二三四

論星

諺云一個星保夜晴此言雨後天陰但見一兩星此夜必晴　星光閃爍不定主有風　夏夜見星密主熱　諺云明星照爛地來朝依舊雨言久雨正當黃昏卒然雨住雲開便見滿天星斗則豈但明日有雨當夜亦未必晴

◎

論風

夏秋之交大風及有海沙雲起俗呼謂之風潮古人名之曰颶風言其具四方之風故名颶風有此風必有霖淫大雨同作甚則拔木偃禾壞房室決堤堰其先必有如斷虹之狀者見名曰颶母航海之人見此則又名破帆風　凡風單日起單日止雙日起雙日止　諺云西南轉西北搓繩來絆屋又云半夜五更西天明拔樹枝又云日晚風和明日再多又云惡風盡日沒又云日出三竿不急便寬大凡風日出之時

必略静謂之風讓日大抵風自日内起者必善夜起者必毒日内息者亦和夜半息者必大凍已上並言隆冬之風　諺云風急雨落人急客作又云東風急備簑笠風急雲起愈急必雨　諺云東北風雨太公言艮方風雨卒難得晴俗名曰牛筋風雨指丑位故也　諺云行得春風有夏雨言有夏雨應時可種田也非謂水必大也經驗　諺云春風踏脚報言易轉方如人傳報不停脚也一云既吹一日南風必還一日北風報答也二說俱應　諺云西南早到晏弗動

草言早有此風向晚必靜　諺云南風尾北風頭言南風愈吹愈急北風初起便大　春南夏北有風必雨　冬天南風三兩日必有雪

論雨

諺云雨打五更日曬水坑言五更忽有雨日中必晴甚驗　晏雨不晴　雨著水面上有浮泡主卒未晴　諺云一點雨似一個釘落到明朝也不晴一點雨似一個泡落到明朝未得[illegible]　諺云天下太平夜雨日晴言不妨農也　諺云上牽晝暮牽齋下晝雨齊

嚌　諺云病人怕肚脹雨落怕天亮亦言久雨正當昏黑忽自明亮則是雨候也　雨夾雪難得晴　諺云夾雨夾雪無休無歇　諺云快雨快晴道德經云飄風不終朝驟雨不終日　凡雨喜少惡多　諺云千日晴不厭一日雨落便厭

論雲

雲行占晴雨諺云雲行東雨無踪車馬通雲行西馬濺泥水没犁雲行南雨潺潺水漲潭雲行北雨便是好曬穀　上風雖開下風不散主雨　諺云上風皇

下風陰無簑衣莫出外 雲若砲車形起主風起諺云西南陣單過也落三寸言雲陣起自西南來者雨必多尋常陰天西南陣上亦雨 諺云太婆年八十八弗曾見東南陣頭發又云千歲老人不曾見東南陣頭雨沒于田言雲起自東南來者絕無雨 凡雨陣自西北起者必雲黑如潑墨又必起作眉梁陣主先大風而後雨終易晴 天河中有黑雲生謂之河作堰又謂之黑豬渡河黑雲對起一路相接亘天謂之女作橋雨下調則又謂之合羅陣皆主大雨立

至少頃必作滿天陣名通界雨言廣潤普徧也若是天陰之際或作或止忽有雨作橋則必有挂帆雨脚又是雨脚將斷之兆也不可一例而取　凡雨陣雲疾如飛或暴雨乍傾乍止其中必有神龍隱見易曰雲從龍是也　諺云旱年只怕沿江挑水年只怕北江紅一云太湖晴上文言亢旱之年望雨如望恩纔是四方遠處雲生陣起或自東引而西自西而東俗所謂排也則此雨非但今日不至必無日如之卽是久旱之兆也此吳語也故指北江為太湖若是晚霽

必兼西天但晴無雨諺云西北赤好晒麥　陰天卜
晴諺云朝要頂穿暮要四脚懸又云朝看東南暮看
西北　諺云魚鱗天不雨也風顛此言細細如魚鱗
斑者一云老鯉斑雲障晒殺老和尚此言滿天雲大
片如鱗故云老鯉往往試驗各有準
無風則無雨　冬天近晚忽有老鯉斑雲起漸合成
濃陰者必無雨名曰護霜天諺云識每護霜天不識
每著子一夜眠

論霞

諺云朝霞暮霞無水煎茶主旱此言久晴之霞也

諺云朝霞不出市暮霞走千里此皆言雨後乍晴之霞暮霞若有火焰形而乾紅者非但主晴必主久旱之兆朝霞雨後乍有定雨無疑或是晴天隔夜雖無今朝忽有則要看顏色斷之乾紅主晴間有褐色主雨滿天謂之霞得過主晴霞不過主雨若西方有浮雲稍厚雨當立至

論虹

俗呼曰鱟 諺云東鱟晴西鱟雨諺云對日鱟不到

晝主雨言西黨也若黨下便雨還主晴

論雷

諺云未雨先雷船去步來主無雨　諺云當頭雷無雨卯前雷有雨凡雷聲響烈者雨陣雖大而易過雷聲殷殷然響者卒不晴　雷初發聲微和者歲內吉猛烈者凶甲子日尤吉　雪中有雷主陰雨百日方晴　東州人云一夜起雷三日雨言雷自夜起必連陰

論霜

每年初下只一朝謂之孤霜主來年歉連得兩朝以
上主熟上有鎗芒者吉平者凶春多主旱

論雪

其詳在十二月下雪而不消名曰等伴主再有雪久
經日照而不消亦是來年多水之兆也

論電

夏秋之間夜晴而見遠電俗謂之熱閃在南主久晴
在北主便雨諺云南閃千年北閃眼前　北閃俗謂
之北辰閃主雨立至諺云北辰三夜無雨大怪言必

有大風雨也

論氣候

凡春宜和而反寒必多雨諺云春寒多雨水元宵前後必有料峭之風謂之元宵風　凡春有二十四番花信風梅花風打頭楝花風打末　二月初有水謂之春水　二月八日張大帝生日前後必有風雨極準俗號爲請客風送客雨正日謂之洗街雨初十謂之洗厨雨　二月二十上工故諺元河東西好使犁此時之雨正是一犁春雨諺云水成田衣燕人無衣不

成人無水不成田種田不稱水田僅可種豆　立春後五戊爲社其日雖晴亦多有微雨數點謂社公不喫乾糧果驗　諺云清明斷雪穀雨斷霜言天氣之常　東作既興早起夜眠春間最爲要緊古諺云一年之計在春一日之計在寅　夏四月清和天氣爲正　必作寒數日謂之麥秀寒即月令麥秋至之後芒種後兩爲黃梅雨夏至後爲時雨此時天公陰晴易變諺云黃梅天日多幾番顛　諺云黃梅天氣楚向老婆頭邊也要擕了簑衣箬帽去　夏至日最

長諺云夏至日莫與人種秧冬至日莫與人打更

夏至日九九氣候諺云一九二九扇子弗離手三九二十七冰水甜如蜜四九三十六出汗如出浴五九四十五頭帶秋葉舞六九五十四乘凉不入寺七九六十三上牀尋被單八九七十二思量蓋夾被九九八十一家家打炭墼　六月有水謂之賊水言不當有也　秋稍涼氣候之正卽月令涼風至之候　八月又作新涼諺云處暑後十八盆湯　又云立秋後四十五日浴堂乾　中旬作熱謂之潮熱又名八月

小春　十八日潮生日　前後有水謂之横港水

月初有雨多謂之秋水　　社日應候田園樂事並與

春社同但景物異耳唐詩云楓林社日鼓茅屋午時

雞　早稻嵐晚稻嵐落緩天蓼花水浴車嵐路雨

中氣前後起西北風謂之霜降信有雨謂之濕信未

風光雨謂之料信雨霜降前來信前信易過善後來

信了信必嚴毒此信乾濕後信必如之諺云霜降了

布衲著得言已有暴寒之色　又云暴寒難忍熱難

當　水到此必退古語云霜降水痕收　維時酒家

開沽諺云香橙螃蟹月　季秋刈穫之忙俗諺云畚金取寶月　冬初和暖謂之十月小春又謂之晒糯穀天此時禾稼已登正是農家爲沉醉佳處詩云一年好景君須記最是橙黃橘綠時　漸見天寒日短必須夜作諺云十月無工只有梳頭喫飯工　又云河東西好使犂河射角好夜作　立冬前後起西北風謂之立冬信月內風頻作謂之十月五風信　諺云冬至前後瀉水不走　至後九九氣候諺云一九二九相喚弗出手三九廿七籬頭吹觱篥四九三十

六夜眠如鷺宿五五九四十五太陽開門戶六六九五十
四貧兒爭意氣七九六十三布衲擔頭擔八九七十
二猫狗尋陰地九九八十一犁耙一齊出　十二月
謂之大禁月忽有一日稍暖即是大寒之候諺云一
日赤膊三日齷齪　諺云大寒須守火無事不出門
又云大寒無過丑寅大熱無過未申　諺云臘月
廿四五鏟刀不出土

論朔日

晴主月內晴　雨謂之交月雨主久陰雨若此先連

綿有雨反輕　風吹月建方位主米貴自建方來爲得其正萬物各得其所晴雨各得其宜

論旬中尅應

新月下有黑雲横截主來日雨諺云初三月下有横雲初四日裏雨傾盆　月盡無雨則來月初必有風雨諺云廿五廿六若無雨初三初四莫行船　廿五日謂之月交日　有雨主久陰　廿七日最宜晴諺云交月無過廿七晴

論甲子

諺云春雨甲子乘船入市夏雨甲子赤地千里秋雨甲子禾頭生耳冬雨甲子飛雪千里 一說甲子春雨主夏旱六十日夏雨主秋旱四十日此說葢取其久陰之後必有久晴諺云半年雨落半年晴甲子過雙日是雌甲子雖雨不妨

論壬子

春雨人無食夏雨牛無食秋雨魚無食冬雨鳥無食又云春雨壬子秧爛蚕死又云雨打六壬頭低田便罷休一云更須看甲寅日若晴拗得過不妨諺云壬

子是哥哥爭奈甲寅何若得連晴爲上不然二日内亦當以壬子日爲主　一說壬子雨丁丑晴則陰晴相半二日俱晴六十日内少雨二日俱雨主六十日内雨多近聞此說累試有驗

論甲申

諺云甲申尤自可乙酉怕殺我言申日雨尚庶幾酉上雨主久雨一云春甲申日則主米暴貴又云閏中見四時甲申日雨則　家閑糴價必踊貴也吳地試最畏此二日雨故特以怕殺二字表其可畏之甚也

毎試極准

論甲戊庚必變

諺云久雨久晴多看換甲　又云甲午旬中無爍土　又云甲雨乙拗　又云甲日雨乙日晴乙日雨直到庚　又云久晴逢戊雨久雨望庚晴　又云逢庚須變逢戊須晴又云久雨不晴且看丙丁　又云上火不落下火滴沰言丙丁日也

論鶴神

己酉日下地東北方乙卯轉正東庚申轉東南丙寅

轉正南辛未轉西南丁丑轉正西壬午轉西北戊子
轉正北癸巳上天在天上之北戊戌日轉天上之南
甲辰轉天上之東己酉復下周而復始括云纔逢癸
巳上天堂巳酉還居東北方上天下地之日晴主久
晴雨主久雨轉方稍輕若大旱年雖轉方天並不作
變諺云荒年無六親旱年無鶴神　巳亥庚子巳巳
庚午鬥之水主土多是値雨　庚申日晴甲子必晴
丁未日雨殺白虫

論山

遠山之色清朗明爽主晴嵐氣昏暗主作雨　起雲主雨收雲主晴尋常不曾出雲小山忽然雲起主大雨　久雨在半山之上山水暴發一月則主山崩却非尋常之水

論地

地面濕潤甚者水珠出如流汗主暴雨若得西北風解散無雨　石礫水流亦然　四野鬱蒸亦然

論水

夏初水底生苔主有暴水諺云水底起青苔卒逢大

方來　水際生靛青主有風雨諺云水面生青靛天公又作變　諺云大水無過一周時　諺云大旱不過周時雨大水無非百日晴言天道須是久晴則水方能退也故論潮者云晴乾無大汛含雨言之可見水漲之易退之難也如此　凡東南風退水西北反爾此理蓋只是吳中太湖東南之帶畢往年初冬大西北風湖水泛起吳江人家皆備淺水此風息復平之新湖水纔是南風連吹半月十日便可退水三[illegible]漲　水邊經行聞得水有香氣主雨水

縣至極驗或聞水腥氣亦然 河内漬成包稻種既浸復浮主有水

論潮

每半月逐日候潮時有詩訣云午未未申申寅寅卯卯辰辰巳巳午午半月一遭輪夜潮相對起仔細與君論 十三二十七名曰水起是爲大汛各七日二十初五名曰下岸是爲小汛亦各七日 諺云初一月半五時潮又云初五二十夜岸潮天亮白遥遥又云下岸三潮登大汛 凡天道久晴雖當大汛水

亦不長諺云乾晴無大汛雨落無小汛

論草

五穀草占稻色草有五穗近本莖爲早色腰末爲晚禾隨其穗之美惡以斷豐歉未必盡驗但其草每年根根相似　茆蕩内春初雨過菌生俗呼爲雷聲多則主旱無則主水　草屋久雨菌生其上朝出晴暮出雨諺云朝出晒殺暮出濯殺　看窠草一名千戈謂其有刺故也蘆葦之屬叢生於地夏月暴熱之時忽自枯死主有水　諺云頭莩生子没殺二莩二莩

生子旱榖三芓　茭草水草也村人嘗剝其小白嘗之以卜水旱味甘甜主水已來亦未止味鹺氣主旱已來亦已定

論花

梧桐花初生時赤色主旱白色主水　匾豆五月開花主水　杞夏月開結主水　藕花謂之水花魁開在夏前主水　冬青花詳見五月類　野薔薇開在立夏前主水　麥花晝放主水　鳳仙花開在五月主水　槐花開一遍糯米長一遍價　豐苦水旱四

野草花雜占云薺菜先生歲欲甘葶藶先生歲欲苦藕先生歲欲雨蒺藜先生歲欲旱蓬先生歲欲荒水藻先生歲欲惡艾先生歲欲病皆以孟春占之係江南農事云

論木

凡竹笋透林者多有水　楊樹頭並木際根乾紅者主水此說恐毋年如此不甚應

論飛禽

諺云鵓浴風鵲浴雨八八兒洗浴斷風雨鳩鳴有還

聲者謂之呼婦主晴無還聲者謂之逐婦主雨　鵲
巢低主水高主旱俗傳鵲意旣預知水則云終不使
我沒殺故意愈低旣愈知旱則云終不使晒殺故意
愈高朝野僉載云鵲巢近地其年大水　海燕忽成
羣而來主風雨諺云烏肚雨白肚風　赤老鴉含水
叫雨則未晴晴亦主雨老鴉作此聲者亦然　鴉臼
叫早主雨多人辛苦叫晏晴多人安閑農作次第
夜間聽九逍遙鳥叫卜風雨諺云一聲風二聲雨三
聲四聲斷風雨　鶴鳥仰鳴則晴俯鳴則雨　鵲噪

早報晴明日乾鵲　冬寒天雀羣飛翅聲重必有雨雪　鬼車鳥即是九頭虫夜聽其聲出入以卜晴雨自北而南謂之出窠主雨自南而北謂之歸窠主晴古詩云月黑夜深聞鬼車　斑鳩叫主晴謂之賣蓑衣　鶻叫諺云朝鶻晴暮鶻雨　夏秋間雨將至忽有白鷺飛過雨竟不至名曰截雨　家鷄上宿遲主陰雨　燕巢做不乾淨主田內草多　母鷄背負鷄雛謂之鷄駝兒主雨　喫井鵓鴣並載五月下

論走獸

獺窟近水主旱登岸主水有驗 閩蠡上野鼠爬池

主有水必到所爬處方止 鼠咬麥苗主不見收咬

稻苗亦然倒在根下主善下米貴銜在洞口主囤頭米貴 狗爬地主陰雨每

眠灰堆高處亦主雨狗咬青草喫主晴 狗向河邊

喫水主水退 鐵鼠其臭可惡白日銜尾成行而出

主雨 貓兒喫青草主雨 絲毛狗褪毛不盡主梅

水未止

論龍

龍下便雨主晴凡見黑龍下主無雨縱有亦不多白

龍下雨必到水鄉諺云黑龍護世界白龍壞世界

龍下頻生旱諺云多龍多旱　龍陣雨始自何一路

只多行此路無處絕無諺云龍行熟路

論魚

魚躍離水面謂之秤水主水漲高多少增水多少

凡鯉鯽魚在四五月間得暴漲必散子散不盡水未

止盛散水聲必定夏至前後得黃鱔魚甚散子將雨

必止雖散不甚水終未定最緊　車溝內魚來攻水

逆上得鯰主晴得鯉主水諺云鯰乾鯉濕又鯽魚主

水鱔魚主晴　黑鯉魚脊翼長接其尾主旱　夏初食鯽魚脊骨有曲主水　漁者網得死鰍謂之水惡故魚着網即死也口開主水立至易過口閉來遲水旱不定　鰕籠中張得鱓魚主風水

論祥瑞

兩岐麥謂一稈而秀兩穗也主時年祥瑞又主其田獲必倍收其家日必驟進又主太平之兆漢史云桑無附枝麥岐兩穗張君爲政樂不可支　紫燕來巢主其家益富此燕與烏燕同類而異凡名曰舍鷰兒

又名黃腰燕子營巢却與烏燕絶不相似余所居村巷有此燕巢者僅二家一巷之最温潤者亦僅此二家又凡燕巢長及大者主吉𢘿北向者令人家道興旺更利田蚕也　凡六畜自來占吉凶諺云猪來貧狗來富猫兒來開質庫　一云鷄來貧蓋鷄之得失尋常有之何足爲異因猪鷄音相近俗傳之誤昔有一人言其家主翁召是富室長者忽隣家走　猪入其猪關未遂長者取之長者故意妄言多之猪數以攘其猪其人不敢索而去遂致廢弛富室　破碗上

下作兩截斷而齊者名曰無底甑大吉往往以上截書古語於其中懸東壁謂祥瑞也　近者一友人云數年前曾見上洋高仲明家有一無底甑謂其祥瑞懸之東壁其齊如截愛若至寶不三年其家財貨大進田產阡陌今則爲當地田戶　凡牛退齒每每凡不舞蹈卻覓若有見其齒已脫在口候而得之者大吉利主三年內大發　猫洗面至耳主有遠親至之喜　黃昏雞啼主有天恩好事或有減放稅糧之喜　臘月廿五日夜赤豆粥鑊滚則三年大發　猫犬

生子皆雄主其家有喜事　三白大吉謂白雀巢簷白鼠穿屋白魚入舟也　鼠咬人幞頭帽子衫領主得財喜百日内至　半夜前作數錢聲者主招財吉　鼠狼來竄其家必長吉　犬生一子其家興旺諺云犬生獨家富足　春初獺祭魚忽有人拾得其遺殘者食之大吉　鵲噪簷前主有佳客至及有喜事　蛇脫殼人有見之者主大發迹　燈花不可剔去至一更不謝明日有吉事半夜不謝主有連綿喜慶之事或有遠親信物至諺云燈花今夜開明朝喜事

來久陰矢息燈燈煤如炭紅良久不過明日喜晴諺云火留星必定晴久晴後火煤便滅主喜雨　長墩忽然門內泥土自然墳去聲起成墩者謂之長墩主其家長進余嘗記幼時曾見東郊有一村店始於賣酒營生僅以自已忽門內泥土自然墳起店主謂其祥瑞愛護不鋤日見漸高家亦日益遂添賣香燭麩麵之類踰年愈高成墩不勝添進人口積蓄米麥乃大興販京果海錯南貨等物無所不有雖百里之外或富室或寺院咸來垂顧動以千緡每歲年及春季日

有數千緡交易長夏門亦如市四方馳名遠近自爲巨富三十年後墩漸平下家亦暗消　凡見鼠立主大吉慶　嘗聞余大父言昔中年一元旦曾於庭前溝口獨見一鼠對面拱立心雖不以爲怪亦謂頗奇因向之曰爾亦知泰來之賀耶其鼠復如揖拜之狀而去大父晚年子孫蕃衍家事從容至老康健壽享八十九歲可謂吉慶矣因以此事問前輩乃云嘗於雜書中曾見此說名曰猿恭鼠拱主大吉慶必有陰德所致而然　已上數事初非好奇以惑衆皆以目

孽耳聞實確可考之言始附卷末以備田家五行中
之一事云爾

祥補拾遺凡出入過合物及犬過橋大吉所謀皆
遂錢穀豐盈

紀歷撮要

唐　鹿門老人

正月

百年難遇歲朝春

歲朝東北五禾大熟

歲朝西北風大水害農功

八月穀且晴明宜穀

上八日不見參星月半不見紅燈

元宵無雨多春旱

一日陰人料食一升二日陰人料食二升

風吹上元燈雨打寒食墳

甲子豐年丙子旱戊子蝗蟲庚子叛惟有壬子水滔

滔只在正月上旬看

一日雞天氣晴人安國泰四夷來貢二日狗無風雨即大熟三日豬晴明君安四日羊春氣暖臣順君命五日馬如晴明四望無怨氣六日牛日月光明即大熟七日人晴明民安君臣和會八日穀夜見星辰五穀豐熟

二月

十夜以上雨水鄉人盡叫苦

十二日晴徹夜夜雨却不怕

雷初發聲在水門其年有水亥子方爲水門也

社日必有雨諺云社公不契舊水又云社公不契乾粮

立春後第五戊是社

三月

三月無三卯田家米不飽

初三日田雞上晝叫上鄉熟下晝叫下鄉熟終日叫上下鄉俱熟

田雞叫得啞三青變作鮓田雞叫得啞田裏收稻把

田雞叫得響田裏好牽槳

三月初三晴桑葉掛銀瓶雨打石頭斑桑葉錢上楚

雨打石頭流桑葉好喂牛

注云 此日黄姑浸種

清明曬得楊柳枯十隻糞缸九隻浮 音浮

清明無雨少黄梅

雨打紙錢頭麻麥不見收、雨打墓頭錢今年好種田

門前插楊青農人休望晴門前插楊焦農人好作嬌

清明午前晴早蠶熟午後晴晚蠶熟

三月初三雨打不頭遍桑葉三錢片又云三日尚可

四日殺我言四日尤貴

穀雨日辰值甲辰蠶麥相登大喜忻穀雨日辰值甲

午每箔絲綿得三斤

四月

夜雨損小麥諺云小麥不怕神共鬼只怕四月八夜

雨

麥秀風搖稻秀風澆

有利無利只看四月十二此日宣晴忌西南風吹百錢足動若東南風吹動是百錢十分好

有穀無穀只看四月十六

四月十六日烏漉秃不論高低一齊熟

十六日上早低田好種稻少

立夏日無暈無水有暈主做湖塘

看魚散子占水黃梅時水邊草上看散子高低以卜

水增注

四月二十八日小分龍當雨不雨謂之分嬾龍少雨

日煖夜寒東海也乾

佛生日晴有菓子

五月

芒種逢壬便立梅

初一日雨落人喫百草

初一雨落井泉浮初二雨落井泉枯初三雨落連太

湖

重午雨落絲絲綿貴重午日蓬乾農人喜歡

雨打梅頭無水洗牛雨打梅額井底開折

黃梅寒井底乾

夏至未過水袋未破

夏至要東南風晴是白抄風

梅裏一日西南時裏三日潭潭時裏一日西南却准

梅裏三日雨

迎梅一寸送梅一尺

梅裏雷低田折舍歸

梅裏一聲雷時中三日雨

黃梅天日多幾番顛

夏至端午前叉手種年田

迎梅雨送時雷送了去永不回

冬青花未破黃梅雨未過冬青花已開黃梅雨便來

夏至有雲三伏熱夏至不要日暈有暈有水無暈無水

冬青花不落乾地

夏至前鵓鴣叫有車篙再變無車篙笑

夏至日雨落謂淋時雨主久雨

夏至前蟹上岸夏至後水到岸

時裏西南老鯉奔潭無雨

二十日大分龍要熾

夏至日得雨其年必豐

夏至日箇雨一點值千金

朝西暮東却正是旱天公

五月大種瓜不過畦

夏至日西南急風急沒慢風慢沒

五月來種秧必須早

䲗鯩風雲起旱魃精空歡喜仰面看青天頭巾落在麻林裏

二十雨落二十一鷺捩子黃秋便種豆

夏至日莫與人種秋冬至日莫與人打更

小暑日雨落黃梅顛倒轉

端午日雨來年大熟

分龍之日農家於是日早以米篩盛灰藉之地至晚視之若有雨點迹則秋不熟榖價高人多閉糶

六月

六月初一一劑雨夜夜風潮到立秋

六月初三晴山篠盡枯零

六月不熱五穀不結

六月蓋夾被田裏不生米

六月西北風主稻秕穀內

六月無蒼蠅新舊米相登

六月旦日值夏至歲多饑饉餓

伏裏西北風臘裏船不通上大水凍

六月西風吹遍草八月無風秕子稻

處暑雨不通白露枉相逢
三伏中大熱冬必多雨雪
蝍蟟蟬叫稻生芒
夏末秋初一劑雨賽過唐朝萬斛珠
陰陽書言從夏至第三庚爲初伏第四庚爲中伏立
秋後初庚爲末伏故謂之三伏

七月

七月秋蔣到秋六月秋便罷休
朝立秋暮颼颼夜立秋熱到頭

立秋日要西南風主稻禾倍收三日三石四日四石

立秋日天氣晴明萬物多不成熟

七夕天河去探米價回訣米賤回遲米貴

立秋日雷名秋霹靂損晚禾亦云秋霹靂主晚稻秕

七月十五日簷竿生月俗語十四日簷竿生日

七月十六雨名洗鉢雨

八月

八月初一日晴連冬旱

雨好種大小麥并荳

分社合日並田斗届分了社穀米遍天下社了分穀米如錦墩

八月十一日無横降雨水起好種麥來年水少

白露前是雨白露後是鬼

白露日屬火難種菜蔬

白露號天收若有雨則損穀謂之苦雨成露落若稻遇之則白殺蔬菜遇之則苦

社了分穀米不出村分了社穀米如苔鮮

秋分在社前斗米換斗錢秋分在社後斗米換斗豆

八月十一日作水則子在水邊占來水旱水不到則子無水未過則子有水

田怕秋旱人怕老窮

早禾怕北風晚禾怕南風

立春立秋後第五戊爲社也

立秋四日下水便是硬漢

三卯三庚麥出低鄉三庚二卯麥出拗巧麥出高鄉

九月

重陽無雨一冬晴

重陽濕漉漉穰草千錢米上歸荒
重陽看風色東北風不祟口内風萬物盡結實
北風范丹口内風實是無教奬
十月
十月無壬子留寒待後春
初一日東北風雨太公
十月雷人死耙兒推
十月雷内霧主來年五月内有水二百单五日至
賣綿絮婆婆只看十月朝無風無雨哭號咷

立冬日晴主有魚

十一月

冬至後三戌入臘

冬至風與夏至相對

冬至前米價長貧兒受長養冬至前米價落貧兒轉

消索

要知下年閏且看冬至後幾日剩

清臺占法云冬至後一日得壬炎旱千里二日得壬

小旱三日得壬平四日得壬五穀豐五日得壬少水

六日得壬大水七日得壬河決流八日得壬海番騰

九日得壬大熟十日至十二日得壬五穀不衣

十二月

兩春夾一冬無被煖烘烘

臘雪是被春雪是鬼

若要麥見三白

十二月裏霧無水做酒庫霧主半月旱准十月內五日霧

除夜東北風五禾大熟

除夜犬不吠新年無疫癘

冰結後水落主來年旱冰結後水漲名上水冰主水若緊厚來年大水

雜占

生逢本命壽增一紀

春甲子雨乘船入市夏甲子雨赤地千里秋甲子雨水頭生耳冬甲子雨飛雪千里

己亥庚子己巳庚午謂之水土有雨

甲日雨下乙日晴乙日雨下十日陰

庚辛相拗寅卯不同色

久晴不雨且看戊巳久雨不晴且看丙丁

久晴逢戊雨久雨望庚晴

壬子日雨主灶荒

風急雨落人急客作

上火不落下火滴劇

四季壬子要晴此日有雨名水生日春人無食夏牛無食秋鳥無食冬魚無食又名小竈荒

東風急備蓑笠

荒年無六親旱年無鶴神

太婆年八十八不曾見東南陣頭發

明星照爛地天亮必有雨

日沒胭脂紅無雨必有風

月暈主風日暈主雨

東鱟晴西鱟雨對日鱟不到晝

朝出曬殺暮出沒殺蚯蚓

日頭躉雲障晒殺老和尚

月生兩耳斷風絕雨

日落西方雲明朝雨紛紛

雨打五更日曬水坑

朝看天頂穿暮看四方懸

烏雲接日明朝不如今日

日落雲裏走雨落半夜後

乍啟晝沒啟齋下晝雨濟濟

南耳晴北耳雨

病人怕肚脹雨落怕天亮

一個星保夜晴

朝看東南晚看西北

三月横花水五月黄梅水六月賊水八月横降水

甲午旬中無燥土

未雨先雷船去步歸

當頭雷無點雨

夾雨夾雪無休無歇

日没烏雲半夜囂明朝得背皮焦

月照後壁人喫狗食

西南陣經過落三寸

月如仰瓦不求自下月如彎弓少雨多風

火老鴉含水叫未晴亦主雨晝陰名哭木鳥

旱年只怕沿江跳水年只怕太湖紅

河東西好仗犂河射角好夜作

春寒雨夏寒晴

雲行東車馬通雲行西脚踐泥雲行南水平潭雲行

北好晒穀

冬壬寅夏甲申有雨米貴

月子側水無滴月子仰水漾漾

一點雨似箇釘落到明朝也不晴一點雨似箇泡落到明朝也不了

春寒秋熱蘇杭雨淅

大寒無過丑寅大熱無過未申

槐熱宜來歲麥棗熟當年禾

冬無雪麥不結

鶴神上天過羊晴下地過牛無雨晴

鶴神轉方食春喫瘟積夏喫水秋喫稻禾冬喫米

論月初頭生前月大盡初二晚見前月小盡初三晚

見諺云大二小三見月也難

禾稼成雲之時辰日雨生蟲未日雨生蟲

深耕勤種猶有天災惰農自安何以爲生

農人以雪水浸種穀倍收仍不生蟲

十二月間不可使牛耕田蓋天寒冷牛骨跨此日破此大有損

馬糞驢乾以壅田則肥穀盛

黍稷稻粱禾麻菽粟謂之八穀

秔米新熟者動氣經再年者亦能發病江南人多收

火稻

凡種五穀以長生旺日種者多實尤惡死日種者收薄以忌日種者敗傷又用成收滿平定日爲佳

小豆忌卯稻忌辰禾忌丙黍忌丑麻忌寅米小麥忌戌大麥忌子大豆忌申凡九穀不避忌種多傷敗也

凡種諸豆與油麻大麻等若不及時去草必爲草所蠹耔耗雖結實亦不多

諺云麻耘地豆耘花麻須初生時耘豆花開時耘尚可

種菉豆宜地瘦不宜肥

凡米囤上須用一尺厚礱糠蓋之頻頻取出曬乾易之米則不壞

貯麥必烈日曬乾乘熱以蓼剉碎再卷一宿詰朝復曝明朝復曝而藏之免出飛蛾

三川饑有青衣童子曰世人厭棄五穀地司已收其神矣可相率祈謝穀父蠶母當致豐稔

肥田法菉豆爲上小豆胡麻次之皆以五月及六月穊種之七月八月耕殺之春種穀即一畝收十石其

力與蠶沙熱糞同矣

臈日種麥來年必熟凡種二麥小忌戌大忌子麥屬

陽固宜乾原稻屬陰故宜水澤

小麥不過冬大米不過年

種麥之法土欲細碎溝欲深爬欲輕撒欲匀麥芒殼

也金也金而生火旺而死以來有穗者從久謂之麥

刈麥時必須於烈日中收仍暴乾其穗方可堆積不

然一兩月蒸爛盡化爲蛾

穀樹上接桑其葉肥大桑上積梨脆美而甘

撒子種桑根莖雞腳葉薄而蠶薄絲少

白桑葉大如掌而厚得繭厚而堅絲美倍常桑葉生衣而皺者號曰金葉非特蠢蠶不食而木亦將就槁矣先椹而後葉者葉必少午日不得鋤桑園

浙間植桑斬其桑而栽之謂之嫁桑却以螺殼覆其頂恐梅雨所浸損其皮故也三年即盛

撅子種桑與葉雞爪葉薄而還薄絲少
白桑葉大如掌而厚得繭厚而堅絲美倍常桑葉牛
柔而皺者號曰金葉非特蠶不食而本亦難活
葉先椹而後葉者葉必少子曰不得飼桑圖
浙間植桑斬其桑而栽之謂之嫁桑取璩敘實
有蠹蝕而所損其皮故也二年向榮

探春歷記

漢 東方朔

甲子日立春高鄉豐稔水過岸一尺

春雨如錢 夏雨調匀 秋雨連綿 冬雨高懸

丙子日立春高鄉豐稔水過岸一尺

春雨多風 夏雨平田 秋雨如玉 冬雨連綿

戊子日立春高鄉豐稔水過岸一尺

春雨連綿 夏雨寸岸 秋風不厚 冬雪難期

庚子日立春低處熟高鄉不熟水懸岸寸

春雨來遲　夏雨過時　秋雨平岸　冬雨成池

壬子日立春高低熟水平岸

春雨出鼠　夏雨漸來　秋雨無定　冬雨雪災

乙丑日立春低處稔熟水懸岸一尺一寸

春雨雖匀　夏雨無晴　秋雨如金　冬雨沉沉

丁丑日立春低鄉熟高鄉亘好水懸岸四尺

春雨不息　夏雨均匀　秋雨懸望　冬有乾風

己丑日立春低鄉熟水懸岸四尺五寸

春雨風雹　夏雨遲遲　秋雨隔日　冬雨無期

辛丑日立春高低豐稔水主平岸

春雨生蟲　夏雨少稀　秋雨霖滴　冬雨風濃

癸丑日立春高低皆熟水主平岸

春雨連夏　夏雨多風　秋雨天晴　冬雨三春

丙寅日立春高低豐稔水懸岸五寸

春雨晴陰　夏雨平傾　秋雨微晴　冬雨連春

戊寅日立春低田豐稔水懸岸四尺

春雨雪風　夏雨田乾　秋雨夏疾　冬雨懸懸

庚寅日立春高低熟水懸一尺三寸

春雨風惡　夏雨雪雹　秋雨如春　冬又雨惡

壬寅日立春高低豐稔水平岸

春雨到岸　夏雨相倍　秋水浩瀚　冬雪不時

甲寅日立春低處豐稔水懸岸六尺

春雨多顛　夏雨乾田　秋雨滴瀝　冬雨高天

丁卯日立春高低熟水懸岸五寸

春雨多風　夏雨無跡　秋雨晴復　冬雨高空

己卯日立春低鄉大熟高處不熟水懸岸八尺別本

水懸岸四尺

春雨如金　夏雨高天　秋雨苗損　冬雪滔滔

辛卯日立春高鄉熟水過岸二尺

春雨連連　夏雨平田　秋雨傷時　冬旱可憐

癸卯日立春高處豐稔水過岸一尺

春雨無限　夏雨低飛　秋雨無限　冬雨難期

乙卯日立春低處豐稔水平岸

春風多雪　夏雨連連　秋稔霖霖　冬雨雪傾

戊辰日立春高低豐稔水平岸

春雨隔日　夏雨連綿　秋雨風雹　冬雨連連

庚辰日立春高低大熟水懸岸九寸

春雨滴瀝　夏雨平岸　秋田又雨　冬水極濃

壬辰日立春高處好施工水過岸一尺二寸別本水懸岸一尺二寸

春雨有風　夏雨流傾　秋雨黃梅　冬雨風惡

甲辰日立春高低豐稔水平平

春雨霖滴　夏雨相隨　秋雨不返　冬雨低微

丙辰日立春低鄉熟水懸岸六尺

春雨如金　夏雨大作　秋雨風高　冬雨到年

己巳日立春低豐稔高處旱水懸岸四寸

春雨過岸　夏雨不多　秋雨多没　冬雪雨多

辛巳日立春高處豐稔水過岸六寸

春雨調匀　夏雨平傾　秋雨風作　冬雪沉沉

癸巳日立春高鄉好水懸岸一尺

春雨均匀　夏雨低岸　秋雨高天　冬雨微暖

乙巳日立春高鄉大熟水平岸

春雨不時　夏雨平池　秋雨湛溥　冬雪前知

丁巳日立春低鄉豐稔水懸岸五尺

春雨不落　夏雨無多　秋雨無滴　冬雨生波

庚午日立春高處豐稔水懸岸二寸

春雨平岸　夏雨傷苗　秋雨少吉　冬雪濃霜

壬午日立春高低盡熟水懸岸五寸

春雨無數　夏雨傷田　秋風多雨　冬雪無形

甲午日立春高低豐稔水平岸

春雨雪落　夏雨連梅　秋風小雨　冬雨雪疫

丙午日立春低田大熟水懸岸三尺五寸

春雨人疫　夏雨微微　秋雨淋淋　冬雪難積

戊午日立春低處得熟水懸岸五尺

春雨不多　夏雨平池　秋雨相連　冬雪寒多

辛未日立春高鄉少熟水懸岸一尺三寸

春雨不至　夏雨顛風　秋雨過岸　冬雪懸懸

癸未日立春高低豐稔水懸岸三寸

春雨累日　夏雨平塍　秋雨多疾　冬雪連春

乙未日立春低鄉豐稔水懸岸一尺五寸

春雨調匀　夏雨損霖　秋雨雪雹　冬雨如秋

丁未日立春高下大熟水平岸

春雨多病　夏雨淚滴　秋雨如梅　冬雨雪疫

巳未日立春高低得熟水懸岸五寸

春雨迢遥　夏雨連秋　秋雨微少　冬雨雪少

壬申日立春高鄉大熟水懸岸五寸

春雨均匀　夏雨過田　秋雨滔傷　冬雨高天

甲申日立春高鄉豐稔水平岸

春雨多疫　夏雨平田　秋雨平岸　冬雨乾寒

丙申日立春低處得熟水懸岸四尺

春雨微微　夏雨風西　秋雨難保　冬雹雪雷

戊申日立春高低豐稔水平岸

春雨調霖　夏雨過梅　秋雨風水　冬雪成堆

庚申日立春低處熟水懸岸四尺

春雨中少　夏雨平流　秋雨微微　冬雨風急

癸酉日立春高低豐稔水平岸

春雨多雷　夏雨平岸　秋雨透岸　冬雨高天

乙酉日立春低處熟水懸岸四尺

春雨無風　夏雨天陰　秋雨平田　冬雨不息

丁酉日立春高低盡熟水平岸病多死人

春雨全無　夏雨過連　秋雨風惡　冬雨少微

巳酉日立春高低大熟水平岸

春雨無風　夏雨到梅　秋雨淋漓　冬雨依依

辛酉日立春低處得熟水懸岸二尺

春晴少雨　夏雨調澤　秋雨平傾　冬雨雪多

壬戌日立春低處豐熟水懸岸五尺

春雨高天　夏雨懸懸　秋雨蟲損　冬積雪團

戊戌日立春高低大熟水懸岸一尺

春雨應時　夏雨高危　秋雨風惡　冬雨雪稀

庚戌日立春高低盡熟水過岸一尺

春雨不風　夏雨濛濛　秋雨霈潤　冬雨無蹤

壬戌日立春高鄉豐稔水過岸

春雨不時　夏雨平田　秋雨不降　冬雨多連

乙亥日立春高鄉熟水過岸一尺

春雨連夏　夏雨連秋　秋雨播岸　冬雨災憂

丁亥日立春高鄉熟水過岸一尺

春雨時作　夏雨風雹　秋雨連綿　冬雪泡凍

己亥日立春高處豐稔水平岸

春雨人疾　夏雨淋淋　秋雨依依　冬雨雪雹

辛亥日立春高鄉豐稔低處渰沒水平岸

春雨低微　夏雨過池　秋雨雪雹　冬雪些見

癸亥日立春高低豐熟水懸岸一尺

春雨均匀　夏雨低田　秋雨漸漸　冬暖高天

田家曆

吳郡程羽文

正月

豎籬落　糞田

開荒　修蠶屋

織蠶箔　造桑機

造麻鞋　舂米此月人閑

築墻

二月

栽椰　舒蒲桃上架

解栗裹縛　云石榴裹縛

造醬是月合爲中時　寒食前後收柴炭

造布　浣冬衣

採桑螵蛸

三月

利溝瀆　葺垣牆

治屋室以待霖雨　胱擊

移茄子　造酪是月牛羊飽草好造也

四月

收蔓菁芥蘿蔔等子

收乾椹子　鋤葱

收乾笋藏笋　四月伐木不蛀

修防防開水竇　正屋漏以備暴雨

五月

灰藏毛羽物　氈須人臥不臥晴則曬箒掃

收蠶種豌豆蜀芥胡荽子

六月

命女工織紬絹　收芥子中秋後

收花藥子便種之　收李核便種

收苜蓿　收槐花曝乾

斫竹此月及八月不蛀　漚麻

曬氊褥書裘　種小蒜同七月

蘿蔔

七月

收楮子　浣故衣制新衣作夾衣以被

始凉　刈蒿草

一種蜀芥　分薤

漚晚麻　耕菜地

一收荷葉陰乾

拭漆器五月至此月盡經雨後漆器圖畫箱篋須

曬乾則不損　收瓜蔕

收蒺藜同八月

八月

收薏苡　收角蒿

收韭花　收胡桃

收棗子　開窖

下旬造油衣　收油麻秫江豆

備冬衣　刈莞葦

九月

收豕同十月　收皂角

貯麻子油　採菊花收大瓜

備冬藏凡蔓菁萑蓼韭葷脆美而不耐停若畢園

菜稍硬停得直至二月

十月

築垣牆塞北戶　縛薦

遮擔牛馬屋　收槐實梓實

收牛膝地黃　造牛衣

盤瘞蒲桃　包裹栗樹石榴樹不爾即凍死

收諸般穀種大小豆種

十一月

貨薪柴綿絮　伐木取竹箭此月堅成

造什物農具　折麻放麻

刈蒿棘　貯年支草於隙地至六月及

秋霖時俱利倍

十二月

造車　貯雪水

收臘糟　糞地

刈棘屯牆　造農器

收羔種　收牛糞

農家諺

漢　崔寔

二月昏參星夕杏花盛桑葉白

河射角堪夜作犂星沒水生骨

麻黃種麥麥黃種麻夏至後不沒狗

但雨多沒橐駝五月及澤父子不相借

子欲富黃金覆

羸牛劣馬寒食下

貸我東薔償我白粱

智如禹湯不如常耕

鋤頭三寸澤

富何卒耕水窟貧何卒耕水窟

耕而不勞不如作暴

日沒臙脂紅無雨也有風

乾星照濕土明日依舊雨

雲行東[illegible]星逸雲行西馬濺泥雲行南水漲潭雲行

北好曬麥

[illegible]步歸

鴉浴風鵲浴雨

春甲子雨乘船入市夏甲子雨赤地千里秋甲子雨

禾頭生耳冬甲子雨雪飛千里

上火不落下火滴沰

黃梅寒井底乾

稻秀雨澆麥秀風搖

雨打梅頭無水飲牛

黃梅雨未過冬青花未破冬青花已開黃梅雨不來

又云冬青花不落濕沙

舶趠風雲起旱魃深歡喜

俗事方

錢唐瞿祐

調珠點書法

銀硃入藤黄以水研勻勝於用膠

又法

肥皂子煨熟取黑皮及内第二重白皮置硯中水浸與膠不殊而不臭

又法

用豆乳研硃點久如新

收書法

未黄梅雨前晒入櫃以紙糊縫勿令通風即不蒸

收畫法

未黄梅雨前晒極燥方捲入匣糊匣縫過梅方開匣用杉木梓木外漆内不要漆

洗故書畫法

將書畫鋪平案間取水勺噴濕復整令四面平帖用馬尾羅羅寒水石末一錢厚再濕噴又羅炭灰一錢厚如前候半時辰以溫水衝起如有汚處取燈心搽

之如墨污須候一兩時方以溫水衝起

烘書畫法

凡書畫久不展須以軟帛先拭去白醭然後就火展若不拭便烘則醭跡堅漬再不去

收筆法

以水器浸濕蘸輕粉少許手撚筆頭令勻入心曬乾收之最佳或用雄黃能折筆鋒椒末生網虫苦苣汁不能久前項最良也

收墨法

熟艾包裹梅月置石灰中

洗硯法

每用蓮蓬或半夏切平擦之草紙亦可

補破硯法

就硯底以刀刮細末用黄蠟火中拫令勻須火中炙排以補損處一色且牢

耐點燭

黄蠟　松脂　槐花各一斤　浮石四兩末

右一處溶用燈心布澆一晝夜僅點一寸

雨燭

蜀葵藍風雨中不滅

宿火炭

好胡桃一个燒熟熱灰擁三五日不絕

封書蠟

黃蠟一兩入鬱金細末着色深淺同熬濾去滓入明淨膠香兩皂子大再熬動用蘸書即不透紙

讀書燈

香油一斤入桐油三兩耐點又避鼠耗以鹽置盞中

省油以姜擦盞邊不生暈

油書牕

以皮紙糊牕訖用桐油白水等分打匀刷之雨不透日明刷用雞羽

印色

銀硃一兩明礬硫黄各豆大用熟艾包裹生絹袋包角油煎令濕用之

又法

眞麻油半兩入草麻子十個去殼搥碎同熬草麻黄

黑色去之將油拌熟次令乾濕得中却入銀硃隨意多少但紅爲度勿用物襯隔自然不沾更不醭醭錐久不壞

洗古銅器

先將銅器以水浸洗拭乾用擣羅過極細灰末遍擦以硬靴刷刷之然後用綿楷擦出色

磨古劍

磨劍勿用水及麄石當用香油蘸細石上慢磨去鏽却用打鉄爐傍打下鉄花三兩入水炭一兩水銀一

錢同爲細末糝紙上以布片蘸油耐久磨令光綿拭

淨以酥塗掛壁間

磨古鏡

以猪羊犬龜熊五物膽各陰乾合和爲末以水濕鏡

粉藥在上覆向地上不磨自明

磨鏡

鹿頂骨 燒灰 白礬 枯 銀母砂 各等分

右爲細末和勻先以磨鏡者磨淨却以此磨令光

一次可適一年

刷紫斑竹

蘇木二兩剉碎水二十盞煎至一盞以下去滓入銕漿三兩同熬少時磁器收用

染木作絳真色

大黄濃煎汁刷上曬乾又刷凡五七次用石灰淹之乾則用水調匀色成擦去其灰

染花梨木色

蘇木濃汁刷三次其後一次趁濕糝上石灰良久拭去色成若櫲木只用水濕以灰糝之

修點石屏

凡石屏中有形象欲修處用龜尿研墨補其黑

光玉器

細氈縧布包豬牙皂角末揩之有裂以酥潤之

煮銅器令白色

解鹽白礬各二兩朴硝砒霜各一兩銀末五銖硇砂半兩硼砂三銖入玉鍋内着水煮之

硬錫法

錫器以硼砂白礬砒霜鹽煮之其硬如銀

洗毛衣及氈法

猪蹄爪煎湯乘熱洗之汚穢即去

洗蕉葛法

清水揉梅葉洗其衣不脆或以梅葉泡湯洗之亦可

洗羅絹法

凡羅絹衣稍垢便摺置桶中温泡皂莢湯洗之頓翻轉且浸且拍垢膩出盡却過別器以温湯浸之又拍勿展開徑搭竹竿上候水滴絕乃展開穿眼不蘂不熨候乾摺藏

洗彩色法

凡洗彩色垢衣先用牛膠水浸半日了溫湯洗之

洗白衣法

白菖蒲用銅竹刀薄切爆乾作末先於盆內用水攪了將衣擺之垢膩自脫皂角不如

又法

煮羅蔔汁洗

洗皂衣法

濃煎梔子湯洗之

洗黃泥污衣法

生薑汁挼了以水擺去之

洗油污衣法

滑石天花粉不拘多少爲末將污處以炭火烘熱以末糝振去之未盡再烘再糝甚者不過五度

又法

以蚌粉厚糝污處以熱熨斗坐糝處即去

又法用蜜洗之

洗油污書畫法

海漂蛸滑石各二分龍骨一分半白堊一錢共爲細末用紙如汚衣法熨之大凡汚多時巳乾者仍以油漬迹大不妨否則以水浸一宿絞乾用藥亦可

洗漆汚衣法

杏仁川椒等分爛研揩汚處淨洗之

洗墨汚衣法

杏仁去皮尖茶子等分爲細末糝上溫湯擺之

洗字則壓去油羅極細糝字熨之

又法

以新採天南星蘸絹上磨墨染即換頻揩自去

又法以白梅搥洗之

洗蟹黄汙衣法

用蟹中腮揩之則去

洗血汙衣法

用冷水洗之即去

取錯字

蔓荊子二錢　龍骨一錢　相子霜五分

定粉少許

右同爲末點水字上以末糝之候乾即拂去

洗象牙器物

木賊子令軟擦之却以甘草湯洗之

又法

以梅煮湯洗之插芭蕉樹中二三日出之如新

洗油浸珠法

以鵞鴨矢晒乾燒灰熱湯淋澄汁絹袋盛珠洗之

洗赤蕉珠

木槵子皮熱湯泡水洗了研蘿蔔汁滲一宿即白

洗刀法

鉄皮杉木炭鉄豔粉爲細末以羊脂炒乾爲度用之擦刀光如皎月

洗油帽法

以芥末打成膏糊上候乾以冷水淋洗之

洗篦梳上油膩法

新瓦盛新石灰以油漬物揮灰中烈日暴之翻滲去油候爭洗之爲佳

洗缸餅臭者

先以水再三洗淨卻以銀杏搗碎泡湯洗之

洗衣香

牡丹皮一兩 甘松一錢

右搗爲末每洗衣最後澤水入一二錢

薰衣香

丁香 箋香 沉香 檀香 射各一兩 甲香三兩

右爲末煉蜜濕拌入窨一月

除頭上白屑方

側栢葉三片 胡桃七個 訶子五個 消梨一個

右同搗爛用井花水浸片時擦頭永不生屑

洗頭方

胡餅　菖蒲　揔子皮　皂角

右同搥碎漿水調團如毬子大每用炮湯洗頭去風清頭目

梳頭令髮不落方

側栢葉兩大片　胡桃去殼二個　榧子三個

右同研細以擦頭皮或浸水常擦亦可

乾洗頭去垢方

以槀本白芷等分爲末夜擦頭上次早梳自去

治婦蒜髮方

乾柹煎茅香湯煮　㺃杞子酒浸焙

右爲末每空心下五十丸

取靨方

桑灰　柳灰　小灰　陳草灰　石灰

右五灰用水煎濃汁入𨣧醋點之

治狐臭方

以白灰用陽一二年陳米醋和傅腋下

女兒撥腳軟足方

乳香　杏仁　朴硝　桑白皮

右先以鍋水煎杏桑了旋下朴硝乳香架足鍋上

薰待温傾出浸洗

遠行令足不繭疼方

防風　細辛　草烏　一方用藁本

右爲細末糝鞋底草屨則以水沾之

洗浴去身面浮風方

煮芋汁洗忌見風半日

辟蟻

凡器物用肥皂洗抹布抹之則蟻不上

辟諸虫

鰻鱺魚燒之辟諸虫藏其骨皮去衣蛀虫及白魚

治壁虫

蕎麥藁作薦可除

治蠅

煎甘草湯放冷使食則脹死

治蚊

五月五日取田中紫萍曬乾取伏翼血漬之又曬又漬數次爲末作香燒之大去蚊蚋

引竹過墻法

竹根所及處埋死猫或狸即過

袖中錦

太平老人

天下第一

監書、内酒、端硯、洛陽花、建州茶、蜀錦、定甆、浙漆、吳紙、晉銅、西馬、東絹、契丹鞍、夏國劍、高麗祕色、興化軍子魚、福州荔眼、溫州掛、臨江黃雀、江陰縣河豚、金山鹹豉、簡寂觀苦筍、東華門把鮓、右兵稱建、出秀才、大江以南士大夫、江西湖外長老、京師婦人，皆爲天下第一，他處雖效之，終不及。

三出

鳳州三出手柳酒宣州四出漆栗筆蜜

嶺南節

嶺南所重之節臘一伏二冬三年四

峽舟三字

川人尾舟出陜有三字新輕卓卓謂不攬客貨

京婦美陋

京師婦人美者謂之搭子陋者謂之七蓋搭子者女傍着子爲好字七者謂其不成婦女也七字不成女

字

二妙

蘇州兒越州女

四禁

中書四禁一曰漏泄二曰稽緩三曰遺失四曰忘誤

知酒法

知酒美惡法但以手扣其罇其聲清而長者其酒必佳聲重而短者其酒苦聲不響其酒必壞

老人十拗

老人有十拗白日頓睡夜間不睡哭則無淚笑則泣下、三十年前事總記得、眼前事轉頭忘了喫肉肚裏無總在牙縫裏面白反黑髮反白

帶子之人

常言帶子之人性多毒忽戲之恐招悔吝如眼子鈌子跛子之類是也

少見三兒

世間少見三兒謂麻面老兒禿髮凸肚乞兒

四事不可久

世間四事不可久恃春寒秋熱老健君寵

古所不及

章相言近世有古所不及者三事洛花建茶婦人脚

盜有三畏

盜者有常語曰不怕你鐵墻鐵壁只怕你惡犬徤人偷兒云夜入人家有三畏一畏有老人二畏有牙兒三畏乳犬如金銀物在大櫃有鐵鈕賊不能入

唐畿尉六道

唐畿尉有六道入御史爲佛道入評事爲仙道入人赤

縣爲人道入畿丞爲苦海入縣令爲畜生道入判司爲餓鬼道

四妖

世有四妖宮殿高修謂之土木之妖珠璣錦繡謂之服飾之妖洛中牡丹維揚芍藥謂之花妖婦人美色能文翰謂之人妖。

仕宦三還

仕宦改官後有三還教官改秩作縣爲還俗職官後作縣爲還債作令了作縣爲還魂

四忌

人有四忌一日之忌暮無飽食一月之忌暮無大醉一歲之忌暮無遠行終身之忌暮無燃燭行房也

鷄有五德

鷄一名燭夜一名司晨有五德頭有冠象文足有距象武遇敵則鬭象勇得食相呼象義鳴不失時象信也

易爲美

婦人三上三中三下皆易爲美墻上馬上樓上旅中

醉中日中月下燭下簾下

仕宦五瘴

仕宦有五瘴急催暴歛剥下奉上名曰賦租之瘴深文以逞善惡不白名曰刑獄之瘴昏晨酣宴弛廢王事名曰飲食之瘴侵牟民利以實私儲名曰貪財之瘴盛畜侍妾以娛聲色名曰帷薄之瘴

一五絕

人篆晉字唐詩宋詞元曲

二賤

明州有三賤燒底賤着底賤奘底賤或問其故曰燒底是燈草着底是草鞋奘底是鹽

三薦

有人嘲小邑市云茶店湯瓶不曾薦客店床上無蒙薦大街上好放薦

物類相感志

宋　蘇軾

總論

磁石引針　琥珀拾芥　蟹膏投漆漆化爲水　皂角入竈突烟煤墜　胡桃燒灰可藏針　酸漿入盂水垢浮　滑石去衣油乾麪相與作燈心能細乳香　榧子能軟甘蔗　撒鹽入火炭不爆　用鹽擂椒椒味好　川椒麻人水能解　胡桃煮臭肉不臭　瓜得白梅爛　栗得橄欖香　猪脂炒榧皮自脱

韶粉和梅牙不酸　芽茶得鹽不苦而甜　井水
澥黃沙淋而清　石灰可以藏鐵器　艸索可以袪
青蠅　夏月熱湯入井成氷　藁湯洗杯青蠅不來
燖炭斷道行蟻自回　油殺諸蟲亦殺蠖蠮　狗
糞中米鴿食則死　桐油入水池荷死　江茶入水
池菱枯　粉蟣畏椒　蜈蚣畏油　松毛可殺米蟲
麝香能袪壁虱　馬食雞糞則生骨眼　蒼蠅叮
蠶則生肚蟲　三月三日收薺菜花置燈檠上則飛
蛾蚊蟲不投　五月五日收蝦蟆能治瘧疾又治小

兒癖　春日火烟青冬日火烟黑　香油搽烏龜眼則入水不沉　唾津抹蝴蝶翅則當空高飛　烏賊過小滿小青梅過小滿黃　蠶過小滿則無絲　蜀葵過小滿則長　乳香久留能生舍利　松根年久則生茯苓　橘樹不宜肥　枇杷不宜糞　羚羊角能碎佛牙　人髮根可粘起舍利　銀杏能醉人　胡桃能碎錢　柿煮蟹不紅　橙合漿不酸　綠橘過江北為枳　麥得濕氣則為蛾　麩見肥皂則不就

韃靼見酒駱駝見柳　荆葉逼蚊蟲臺葱逼蝿子

酒能發香藕皮散血　津唾可溶水銀末茶可結
水銀　鵓知子午猫眼亦能　清明柳條可止醬醋
潮溢　芝蔴萁燒烟熏紙被不作聲　榧子煮素羹
則甜　薄荷去魚腥　荸薺煮銅則軟甘艸煮銅則
硬　芒種日螳螂一齊出　九月九蚊子嘴生花
燕畏艾人　蝎畏蝸牛　礬畏芘茹　斧怕肥皂　蜘
螺螄畏雪　落蠏怕霧　河豚殺樹狗膽能生
蛛申日能越燕子戊日不歸家　燈心能煮江鰍
麻葉可逼蚊子物類相感如斯而已

身體

身上生肉丁芝麻花擦之

飛絲入人眼而腫者頭上風屑少許揩之一云珊瑚尤妙

人有見漆多爲漆氣上騰着人而生漆瘡用川椒三四十粒搗碎塗口鼻上則不爲漆所害

指甲中有垢者以白梅與肥皂一處洗則自去

彈琴士指甲薄者用僵蚕燒烟熏之則厚

染頭髮用烏頭薄荷入綠礬染之

食梅子牙軟喫藕便不軟一用韶粉擦之

油手以鹽洗之可代肥皂一云將順手洗自落

脚跟生厚皮者用有布紋尨片磨之

衣服

夏月衣蒸以冬瓜汁浸洗其跡自去

北絹黃色者以雞糞煑之即白鴿糞煑亦好

墨汚絹裯牛膠塗之候乾揭起膠則墨隨膠而落凡絹可用

血汚衣用溺煎滚以其氣熏衣一宿來日洗之則自

綠礬百藥煎汚衣服用烏梅洗之

鞋中着樟腦去脚氣用椒末去風則不痛冷

洗頭巾用沸湯入鹽擺洗則垢自落一云以熱麫湯擺洗亦妙

槐花汚衣者以酸梅洗之即去

蠟靴用黃蠟四兩以二兩粘瀝青入蠟均用

綃作木綿夾裏用杏仁漿之則不吃綃

伏中裝綿布衣無綿珠秋冬則有以燈心少許置綿

上則無珠也

絨毯舊而毛起者將破用黃蜀葵梗五七根搥碎水浸濕刷之則如新

笠子油汚或汗透者以烏頭煎濃湯洗之

茶褐衣服發白花點者以烏梅煎濃湯用筆塗發處立還原色

酒醋醬汚衣藕擦之則無跡

梅蒸衣以枇杷核研細爲末洗之其斑自去

氊襪以生芋擦之則耐久而不蛀

紅莧菜煮生麻布則色白如苧

楊梅及蘇木汚衣以硫黄烟熏之然後洗其紅自能

落

油汚衣用炭灰熨之或以滑石擦熨之

墨染衣帶濕以油浸透須用炭汁擺之

衣裳蒸壞先以水浸濕次用蘿蔔汁洗之

洗墨汚衣用杏仁細嚼擦之

飲食

炙肉以芝蔴花爲末置肉上則油不流

糟蟹久留則沙見燈亦沙治法用皂角一寸置瓶下則不沙

煮老雞以山裏果煮就爛或用白梅煮亦好

枳實煮魚則骨軟或用鳳仙花子

醬內生蟲以馬艸烏碎切入之蟲即死

糟茄入石綠切開不黑

糟薑餅內安蟬殼雖老薑亦無筋

煎白腸用百藥末臨熟撒之則香脆

煮魚羹臨煮熟入川椒多則去鯹

食蒜令口中不臭用生薑棗子同食

煮菱要青用石灰水拌過先洗去灰煮則青

煮蟹用蜜塗之候乾煮之則青

酒中火焰以青布拂之自滅

做飯入朴硝在內則自各粒而不相粘

米醋內入炒鹽則不生白衣

用鹽洗猪臟脂子則不臭

煮鷄子令一層層熟相間者以火煮令一著一滅頻

炒動則層層熟入去

做魚鮓用礬鹽淹去涎洗淨如魚鮓法造

凡雜色羊肉入松子則無毒

藕皮和菱米食則軟而甜

研芥辣用細辛少許與蜜同研則極辣

晒葫蘆乾以藁本湯洗過不引蠅子

桃花飯做飯了以梅紅紙盛之濕後去紙和匀則紅白相間

酒中置茄子柴灰則酒到夜成水

楊梅核與西瓜子用柿子漆柤拌了晒乾自開只揀

取仁

鴨蛋以硇砂画花及寫字候乾以頭髮灰汁洗之則黃直透內

乳齏淘用乳餅醬內妙

灌肺用蒲蒻汁洗後入灌物永不老

煮銀杏栗子用油紙撚在內則皮自脫

臘肉內用酒脚醋煮肉紅酒調羹則味甜

夏月魚肉內安香油久亦不臭

紅糟酸入鴨子與酒則甜

用蘿蔔梗同煮銀杏不苦

酒漿面上不見人影不可食

日月蝕時飲損牙

銅器內不可盛酒過夜

煮芋以灰煮之則糯

煎鹽盆中能煮飯不攪動則不鹹也

榧子與甘蔗同食其查自軟如紙一般

花鹼可煮肉易爛

蘿蔔解醬豆腥蘸醬喫不噯

煎魚入酒糟不出水

晒肉須油抹不引蠅子

麩夏月易壞用白湯煠過自然如初

食荔枝多則醉以殼浸水飲之則解

做灰鹽鴨子月半日做則黃居中不然則偏一云月中做

部粉去酒中酸味赤豆炒過入亦變

爛橄欖研細搋團魚甚香

荷花蒂煮肉精者浮肥者沉

煮紅鴨子以金櫚根同煮白皆紅

天落水做飯白米變紅紅米變白

飲酒欲不醉服硼砂末

喫栗子於生芽處咬破些吹氣一口剝之皮自脫竹葉與栗同食無柤

茄柴灰可淹海哲

寸切稻艸可煮臭肉其臭皆入於艸内

煮爊肉用朴硝仍貫氣在肉内

冬瓜切動未喫盡者三五日皆爛以石灰糝之則不

爛

淹鹹蛤蜊以蘆灰入鹽鹹之味好且不開口要即熟
則在日中晒
糟酒醬蟹入香白芷則黃不散
李蘿蔔滷及鹽虀內做甘露子則不黑以細篾穿之
易取
煮麵令湯清北方用花鹼南方用糠醋撮
煮猪腈及血臟羹不可入椒同煮作猪糞氣臨熟後
入就起

煮老鵞不爛就竈邊取瓦一片同煮即爛如泥羊亦然

喫西瓜喫子不嘜

喫蟹了以蟹鬚洗手則不腥

新煮酒灰氣者開時入水一盞

豆油煎豆腐有味

籬上舊竹篾縛肉煮則速靡

餛飩入香蕈在內不嘜

器用

商嵌銅器以肥皂塗之燒赤後入梅鍋爍之則黑白分明

黑漆器上有朱紅字以鹽擦則作紅水洗下

油籠漆籠漏者以馬屁孛塞之即止

柘木以酒醋調礦灰塗之一宿則作間道烏木

漆器不可置蓴菜雖堅漆亦壞

棗木作匙者爲其不餿及不粘飯也

熱碗足盪漆卓成跡者以錫注盛沸湯衘之其跡自去

銅器或鍮石上青以醋浸過夜洗之自落

琴阮無聲者乃舊而膠解也宜用沙湯洗之

針眼割線者宜用燈燒眼

錫器黑垢上用燖鷄鵞湯洗之

酒餅漏者以羊血擦之則不漏

碗口上有垢用鹽擦之自落

水烰炭缸内夏月可凍物

刀子銹用木賊草擦之則銹自落

以皂角在竈内燒烟鍋底煤并突煤自落

肉案上抹布猪膽洗之油自落

烰炭餅中安猫食不臭夏月亦不臭

藁本湯布拭酒器并酒卓上蠅不來

燭心散以線縛之

酢桶漏用醋調合粉泥之

呵鏡子以津唾画鏡令乾呵鏡自見

燈剪用無名異塗之剪燈則燈自斷

梓木為舟起屢

香油蘸刀則刀不脆

琉璃用醬湯洗油自去

椒木作擂槌不臭且香

鐵銹以炭磨洗之鈍以乾烰炭擦之則快

泥瓦火煅過作磨石

藥品

甘遂麵裹煮熟毒自去

服茯苓勿食醋

鉛白煎霜入蜜中煎炒

瘡藥中用硫黃氣者以竹葉燒烟薰之則不臭

生地黄乾土培之不爛

巴豆大黄同用則反不能瀉人

研乳香為末口念玄胡索

稻草煮香附子不苦

草烏切碎同米作飯喂雀兒盡皆醉倒

收大黄葉鋪薦上去辟虱

服丹石不可食蛤蜊腹中結痛病

[illegible]疾病

生瘡毒未愈不可食生薑鴨子則肉突出作塊

喫茶多令人黃

蜂叮痛以野莧菜擣傳之

故𦡊紙治鼻衄

文房

研墨出沬用耳膜頭垢則散

臘梅樹皮浸硯水磨墨有光彩

礬水寫字令乾以五棓澆之則成黑字

絹布上寫字用薑汁磨及粉則不湮開

肥皂浸水磨墨可在油紙上寫字

肥皂水調顏色可画花燭上

櫟炭灰成花燒之有墨處着無墨處不着

磨黃芩寫字在紙上以水沉去紙則字盡脫在水面上

画上若粉被黑或硫煙熏了以石灰湯蘸筆洗二三次則色復舊

草麻子油寫紙上以紙灰撒之則見字一云杏仁尤佳

冬月硯凍入酒磨墨不凍

鹽滷寫紙上烘之字墨

冬月令水不冰以楊花鋪硯槽名文房春風膏硯

樺皮燒煙熏紙作故色勝如黑泥

花瓶中欲水不臭用火燒死一片在内膠泥亦可

收画法未雨之先晒乾緊捲入匣以厚紙糊縫過梅月取出掛之

收筆東坡用黄連煎湯調輕粉蘸筆候乾收之

果子

收棗子吐以一層粟草一層棗相間安之

收栗不蛀以栗蒲燒灰淋汁澆二宿出之候乾置盆中用沙覆之

藏西瓜不可見日影見之則芽

收雞頭晒乾入瓶紙蒙了復埋之地中

藏金橘於菉豆中則經時不變

藏柑子以盆盛用乾潮沙蓋之土瓜同法

收湘橘用煮湯錫缾收之經年不壞

藏胡桃不可焙焙則油了

藏梨子用蘿蔔間之勿令相着經年不爛

梨蒂插蘿蔔上亦不得爛藏香圓同此法

松子仁帶皮則不油

橄欖樹高難採以鹽塗樹則實自落

青梅小滿前嫩脆過後則易黄

新榧子以猪脂炒過則黑皮不著肉

栗子與橄欖同食作梅花香

橄欖與鹽同食則無苦味

梅子與韶粉同食不酸不軟梅葉尤佳

炒銀杏在十個以上則不爆

乾果子蒸了者曬之味如新

菱煮過以礬湯綽之紅綠如生

爆栗子銀杏拳一個在手則不爆勿令人知

香員蒂上安芋片則不痨

水楊梅入㷱炭不爛

蔬菜

收芥菜子宜隔年者則辣

收冬瓜忌若帚風

生薑社前收無筋

未霜時不可收芋爲其多也

喫茶多腹脹以醋解之

茄子以爐灰藏之可至四五月

小滿前收鹽芥菜可交新

豆豉内用甜瓜頭生者晒乾方可入不然則爛了晒時以爐灰糝之不引蠅子

花竹

養荷花用溫湯入缾中以紙蒙了以花削尖簪則花開且久

蜀葵花削煨了以石灰蘸過令乾插於缾中開至頂而葉不軟

冬青樹上接梅則開洒墨梅

石榴樹以麻餅水澆則花多

梧桐樹閏月多生一葉按六壬梧桐常年十二葉閏年十三葉

養石菖蒲無力而黃者用鼠糞洒之

養牡丹芍藥梔子並刮去皮火燒以鹽擦之插花瓶中或用沸湯插之亦開

鳳仙花欲令再開但將子逐旋摘去則又生花

種蘭去土用水烰炭屑種之

蒲萄樹用麝香入其皮則蒲萄盡作香味

花樹虫孔以硫黃末塞之

木犀蛀者用芝蔴梗帶殼束懸樹上

竹多年者則生米而死急截去離地二尺許通去節以犬糞灌之則餘竹不生米也

海棠花用薄荷水浸之則開

橘柚樹澆肥春分後多死

竹葉以沸湯蘸過則不捲藏搋甲

銀杏不結子於雌樹鑿一孔入雄樹木一塊以泥塗

之便生子

葫蘆照水種自正

草木花被羊食並不發

花紅者令白以硫黄燒煙熏盞子蓋花則白

香圓去蒂以大蒜搗爛醃蒂上則滿室香更以濕紙

圍蓋上

芝蘇柴掛樹上無蓑衣虫

牡丹根下放白术諸般顏色皆是腰金

冬瓜蔓上午時用茗帚打之則生多

禽魚

魚瘦而生白點者名虱用楓樹皮投水中則愈

鱉與蝤蛑被蚊子叮了即死

小犬吠不絕聲者用香油一蜆殼灌入鼻中經宿則不吠

烏骨雞舌黑者則骨黑舌不黑者但肉黑

雞未狨者以茗帚趕之則狨毛倒生

母雞生子與青（一作續）麻子喫則常生不抱卵

水中浮萍乾焚煙熏蚊虫則死

竹鷄叫可去壁虱并白蟻

鵶鶻帶帽兒飛去立喚則高去伏地喚則來

馬螘畏肥皂

鷄黃雙者生兩頭及三足鷄

使蒼蠅不來席上以稻草索數條懸壁間則盡

油殺諸虫

猫兒眼知時有歌云子午線卯酉圓寅申巳亥銀杏樣辰戌丑未側如錢

樓葱逼蠅

蚕畏鼓聲則伏而不起亦畏雷故也

燕聚魚

馬誤食鷄糞骨眼生

鷄下卵晨則雄暮則雌日中對日下亦雄

香貍生四個外腎

鷹無肫而有肚子喫肉故也飛禽喫穀者有肫

鷄喫猫飯能啄人

令蛙不鳴三五月以野梅花爲末順風撒之

逼蠅臘月豬脂以餅懸厠上

麻葉燒烟能逼蚊子

雜著

溪中水沫取起令乾為末入湯中即冷而不沸

池水渾濁以瓶入糞用箬包札之投水中則清

醉中飲冷水手顫

錫銅相和硬且脆水淬之極硬

銀銅相雜亦易鎔化

釜底煤可代火草引火

陳茶末燒煙蠅速去

油紙燈入荷池葉死

金遇鉛則碎

日未出及巳沒下醬不引蠅子

銅錢與胡桃一處嚼之錢易碎

水銀撒了以鍮石引之皆上石

打落器中白礬與韶粉研刷眞皮色不退

蛇畏薑黃

績麻骨插竹園四向竹不沿出芝蔴骨亦可

胡麻麪啖犬則黑光而駿

梓木作柱在下手則木響叫云是爭位

杉木烰拔爲末安門相中開門則自能響

釘月臺板用甕漆樹削作釘以米泔水浸之待乾釘板易入且堅如鐵

荷花梗塞鼠穴自去

荷花葉煎湯洗鑞器或用荷梗一方用糟醋

漆乾皂皮顏色內入杏仁則光且黑

黄蠟與果子同食則蠟自化去

蘿蔔提硝則白煎亦然

伏中不可鑄錢汁不清名爐凍

水缸內養魚三兩個則活不生脚

伏中合醬與麫不生蟲

燈心蘸油再蘸白礬末粘起炭火

鷄子開小竅去黄白了入露水又以油紙糊了日中晒之可以自升起離地三四尺

收椒帶眼收不帶葉收不變色

伏中收松柴劈碎以黄泥水中浸皮脱晒乾冬月燒

之無煙竹青亦可

煮象牙用酢滷煮之自軟

居家必備　五

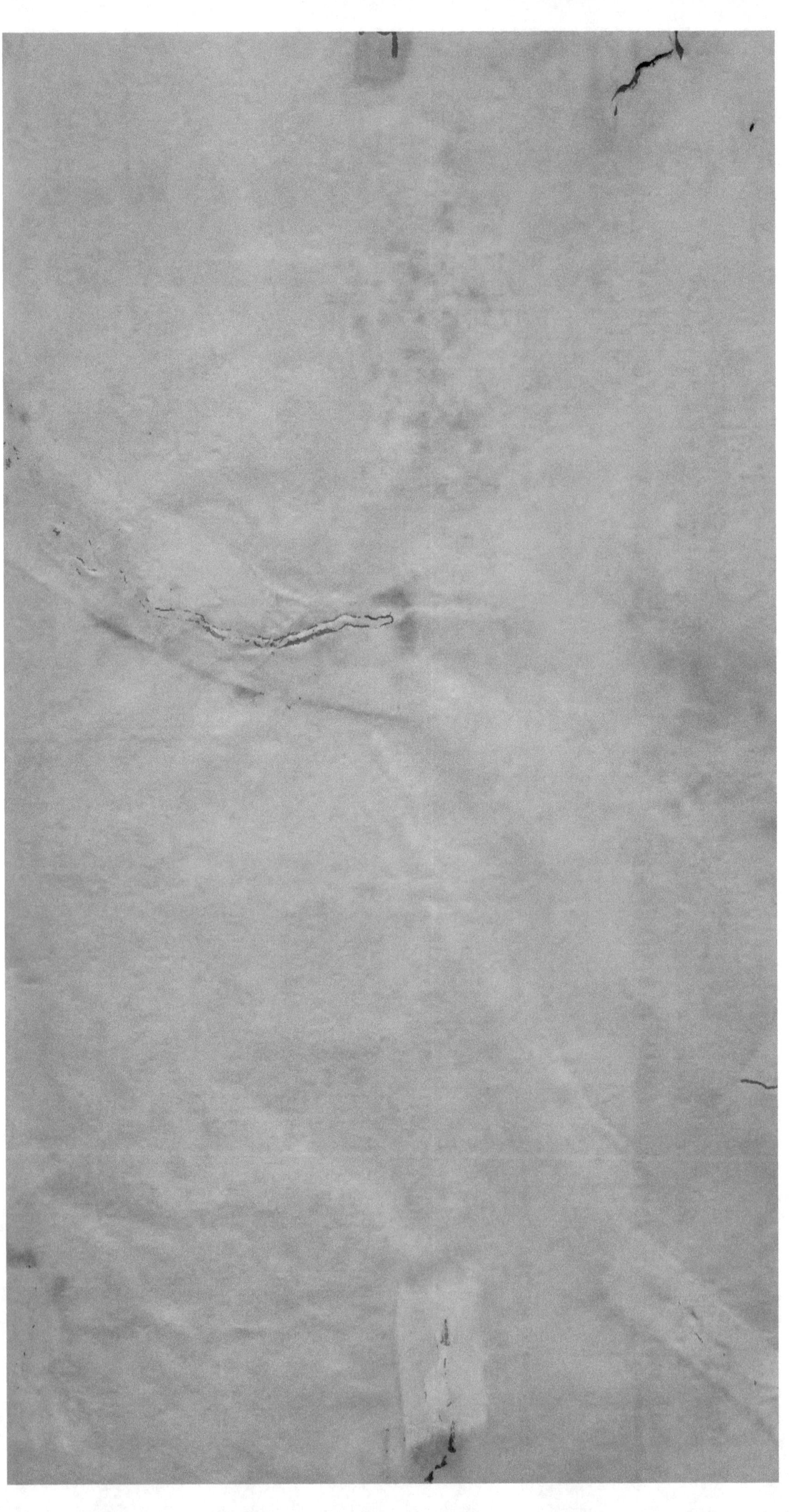

居家必備卷五

奉養

天隱子養生書

唐　司馬承禎

天隱子吾不知何許人著書八篇包括妙秘殆非人間所能力學觀其修煉形氣養和心靈歸根契於伯陽遺照齊於莊叟長生久視無出是書予家君於大暑中苦痢諸藥不止以意用乾葛是承禎服疾道風惜乎世人夭促眞壽思欲傳之同志使易而簡行信哉自伯陽而來惟天隱子而已矣司馬承禎序

神仙

人生時稟得靈氣精明通悟學無滯塞則謂之神宅神於內遺照于外自然異於俗人則謂之神仙故神仙亦人也在於修我靈氣勿爲世俗所淪折遂我自然勿爲邪見所凝滯則成功也喜怒哀樂愛惡欲也情之邪也風寒暑濕飢飽勞逸行者氣之邪也去此邪成神仙

易簡

易曰天地之道易簡者也天隱子曰天地在我首之上足之下開目盡見無假繁巧而言故曰易簡簡者神仙之德也經曰至道不繁至人無爲然則以何道求之曰無求

不能知無道不能成凡學神仙先知易簡苟言涉奇詭遁足使人執迷無所歸本此非言學也世人學神仙反爲神仙所迷者有矣學無反爲無所病者有矣

漸門

易有漸卦老氏有漸門人之修眞達性不能頓悟必須漸而進之安而行之故設漸門一曰齋戒二曰安處三曰存想四曰坐忘五曰神解何謂齋戒曰澡身虛心何謂安處曰深居靜室何謂存想曰收心復性何謂坐忘曰遺形忘我何謂神解曰萬法通神故習

此五漸之門者了一則漸次至二了二則漸次至三了三則漸次至四了四則漸次至五神仙成矣

齋戒

齋戒者非蔬茹飲食而已澡身者非湯浴去垢而已蓋其法在節食調中磨擦暢外者也夫人稟五行之氣而食五行之物而實自胞胎有形也呼吸精血豈可去食而求長生但世人不知休粮服氣道家權宜非永絕食粒之謂也食之有齋戒者齋乃潔淨之務戒乃節約之稱有饑即食食勿令飽此所謂調中也

肉味未成熟勿食五味太多勿食腐敗閉氣之物勿食此皆宜戒也手嘗磨擦皮膚溫熱去冷氣此所謂暢外也久坐久立久勞役皆宜戒也此是形骸調理之法形堅則氣全是以齋戒爲漸門之首也夫

安處

何謂安處曰非華堂邃宇重裀廣榻之謂也在乎南向而坐東首而寢陰陽適中明暗相半屋無高高則陽盛而明多屋無卑卑則陰盛而暗多故明多則傷魄暗多則傷魂人之魂陽而魄陰苟傷明暗則疾病

生焉所謂居處之室尚使之然況天地之氣有亢陽之攻肌淫陰之侵體豈不傷哉修養之漸倘法此即安處之道術也吾所居室四邊皆窻戶遇風即闔風息即開吾所居坐前簾後屏太明則下簾以和其內映太暗則捲簾以通其外曜內以安心外以安目心目皆安則身安矣明暗尚然況太多情慾太多事慮豈能安其內外哉故學道以安處爲次

存想

存謂存我之神想謂想我之身閉目即見自己之目

收心即見自己之心心與目皆不離我身不傷我神則存想之漸也凡人目終日視他人故心已逐外走終日接他事故目亦逐外瞻營營浮光未嘗内照奈何不病且夭耶是以歸根曰靜靜曰復命成性存存衆妙之門此存想之漸學道之功半矣

坐忘

坐忘者因存而忘也行道而不見其行非坐之義乎有見而不知其見非忘之義乎何謂不行曰心不動故何謂不見曰形都泯故或問曰何由得心不動天

隱子默而不答又曰何由得形都泯天隱子瞑而不覩或道悟道乃退曰道果在我矣我果何人哉天隱子果何人也於是彼我兩忘了無所照

解神

齋戒謂之信解（言無信心即不能解）安處謂之閑解（言無閑心即不能解）存想謂之慧解（言無慧心即不能解）坐忘謂之定解（言無定心即不能解）信定閑慧四門通神謂之身解故神之爲義不行而至不疾而速陰陽變通天地長久兼三才而言謂之易（繫辭云易窮則變變則通通則久）齊萬物而言謂之道德（老子道德經是）

也本一性而言謂之眞如釋氏涅槃法華入四眞如楞嚴皆一性歸於無爲圓覺經云佛身有爲至於無爲佛化身不墮諸數此一條故天隱子生乎易中死乎易中動因萬物靜因萬物邪由一性眞由一性是以生死動靜邪眞吾皆以神而解之在人謂之仙矣在天曰天仙在地曰地仙故神仙之道五歸一門謂五歸於漸終同仙矣

後序

昔謝自然欲過海求師蓬萊至海中或謂自然曰蓬萊隔弱水三十萬里不可過天台有司馬子微身居

赤城名在絳闕可往從之自然乃還受道於子微白日僊去東坡水龍吟詞曰古來雲海茫茫蓬山絳闕知何處人間自有赤城居士龍蟠鳳舉清淨無爲坐忘遺照八篇奇語觀此書則此八篇當是子微所著而序乃云天隱子不知何時人意者不欲自顯其名邪紹興壬午從事郎知台州黄岩縣主學事勸農胡璉跋

保生要録

宋蒲處貫

臣聞松有千年之固雪無一時之堅若植松於腐壤不朞而必蠹藏雪於陰山雖累而不消違其性則堅者脆順其理則促者長物情既爾人理豈殊然則調攝之術又可忽乎臣竊覽前人所撰保生之書往往拘忌大多節目太繁行者難之在於崇貴尤不易爲臣少也多病畱心養生研究有年編次成帙爲術易簡乘間可行先欲固其神氣次欲調其肢體至於衣

服居處藥餌之方，蔬菓禽魚之性，有益者必錄，無補者不書。古方有誤者重明，俗用或乖者必正，目之曰《保生要錄》。雖無裨於聞道，聊有益於衛生。冒昧上獻，伏深戰慄。臣蒲處貫叙。

養神氣

稽叔夜云：服藥求汗，或有弗獲；愧情一集，渙然流離。情發於中而形于外，則知喜怒哀樂寧不傷人。故心不撓者神不疲，神不疲則氣不亂，氣不亂則身泰壽延矣。

調肢體

養生者形要小勞無至大疲故水流則清滯則汚養生之人欲血脉常行如水之流坐不欲至倦行不欲至勞頻行不已然亦稍緩卽是小勞之術也故手足欲時其屈伸兩臂欲左挽右挽如挽弓法或兩手如拓石法或雙拳築空或手臂前後左右輕擺或頭項左右顧或腰胯左右轉時俯時仰或兩手相促細細捩如洗手法或手掌相摩令熱掩目摩面事閒隨意爲之各十數遍而已每日頻行必身輕目明筋節血

脉調暢飲食易消無所壅滯體中少不佳快爲之即解舊引方大煩崇貴之人不易爲也今此術不擇時節亦無度數乘閑便作而見効且速

夫人夜臥欲自以手摩四肢胸腹十數遍名爲乾沐浴臥側而曲膝益氣力常時濁唾則吐淸津則嚥常以舌柱齶聚淸津而嚥之潤五臟悅肌膚令人長壽不老黄庭經曰口爲玉池太和官漱嚥靈液災不干又曰閉口屈舌食胎津使我遂鍊獲飛仙頻叩齒令齒勞又辟惡夫人春時暑月欲得晚眠早起秋欲早眠

早起冬欲早眠晏起早不宜在鷄鳴前晚不宜在日旰後熱時欲舒暢寒月欲收密此合四氣之宜保身益壽之道也

論衣服

臣聞衣服厚薄欲得隨時合度是以暑月不可全薄寒時不可極厚盛熱亦必着單臥服或腹脛已上覆被極宜人冬月綿衣莫令甚厚寒則頻添數層如此則令人不驟寒驟熱也故寒時而熱則減則不傷於溫熱時而寒則加則不傷於寒寒熱不時忽自脫着

則傷于寒熱矣寒欲漸着熱欲漸脫腰腹下至足脛欲得常温胸上至頭欲得稍凉凉不至凍温不至燥衣爲汗濕即時易之薰衣火氣未歇不可便着夫寒熱均平形神恬靜則疾疢不生壽年自永

論飲食

飲食所以資養人之血氣血則榮華形體氣則榮衛四肢精華者爲髓爲精其次者爲肌爲肉常時不可待極飢而方食極飽而方徹常欲不饑不飽青牛道士云凡食大熱則傷骨大冷則傷筋雖熱不得灼唇

雖冷不得凍齒冷熱相攻而爲患凡食熱勝冷少勝多熱勝生淡勝鹹凡食汗出勿令洗面令人少顏色食飽沐髮作頭風凡所好之物不可偏耽耽則傷心生疾所惡之物不可全棄棄則藏氣不均是以天有五行人有五臟食有五味故肝法木心法火脾法土肺法金腎法水酸納肝苦納心甘納脾辛納肺鹹納腎木生火火生土土生金金生水水生木木制土土制水水制火火制金金制木木制土故四時無多食所制之味皆能王之臟也宜食相生之味助王氣也

五臟不傷王氣增益飲食合度寒暑得宜則諸疾不生遐齡自永矣

論居處

傳曰土厚水深居之不疾故人居處隨其方所皆欲土厚水深土欲堅潤而黃水欲甘美而澄常居之室極令周密勿有細隙致風氣得入風者天地之氣也能生成萬物亦能損人初入腠理之間漸至肌膚之內內傳經脉達于臟腑傳變尤甚盛暑不可露臥自立春後至立秋前欲東其首立秋至立冬前欲西其

首常枕藥枕其枕藥性大熱則熱氣衝上太冷則冷
氣傷腦唯理風平涼者乃爲得宜

藥枕方 此枕治頭風目眩

蔓荆子八分 甘菊花八分 細辛六分 吳白芷六分
芎藭六分 白术四分 通艸八分 防風八分
藁本六分 羚羊角八分 犀角八分 黑豆五合揀擇令淨
石上菖蒲八分

右件藥細剉成碎末相拌令均以生絹囊盛之欲其
氣全次用碧羅袋盛之如枕樣内藥直令緊實置在

盒子中其盒形亦如枕內藥囊令出盒子唇一寸半　睌來欲枕時揭去盒蓋不枕卽蓋之使藥氣不散枕之日久漸低更入藥以實之或添黑豆令如初三五月後藥氣歇則換之勿枕旬日或一月耳中微鳴是藥抽風之驗

論藥石

或問曰夫金石之藥埋之不腐煮之不爛用能固氣可以延年草木之藥未免腐爛焉有固駐之功答曰夫金石之藥其性慓悍而無津液之潤盛壯時未見

其害及其衰弱毒則發焉夫壯年則氣盛而能制石滑則能行石故不發也及其衰弱則榮衛氣澁則不能行石弱則不能制石無所制而行者留積故人大患焉無益而損何固駐之有或問曰亦有未虛而石發者乎答曰憂恚在心而不能宣則榮澁滯不能行石熱結積而不散隨其積聚發諸癰瘡又有服石之人倚石熱而縱佚恃石勢而行乃不曉者以爲奇効精液焦枯猛熱遂作洞釜加爨罕不焦然問曰金石之爲害若此農皇何以標之于本經答曰大虛積冷

之人不妨暫服疾愈而止則無害矣又問云石勢慓悍臟衰則發今先虛而服石者豈能制其勢力乎且未見其害何也荅曰初服之時石勢未積又乘虛冷之甚故不發也又問曰草木自不能久豈能固人哉答曰服之不倦勢力相接積年之後必獲大益夫攻療之藥以疾差而見功固駐之方覺體安而爲効形神既寧則壽命日永矣

攝生要錄

武林沈仕

喜樂

淮南子曰大喜墜陽唐柳公度年八十餘步履輕健盛求其術曰吾無術但未甞以元氣佐喜怒氣海常温耳

忿怒

淮南子曰大怒破陰清凉書云大怒傷目令人目𥇛多怒百脉不定鬢髮憔焦筋萎爲勞藥力不及當

食暴嗔令人神驚夜夢飛揚

悲哀

書云悲哀太甚則胞絡絶而陽氣内動發則心下潰溲數血也　悲哀動中則傷魂魂傷則狂妄不精久而愈縮拘攣兩脇痛不舉

思慮

彭祖曰凡人不能無思當漸漸除之人身虛無但有遊氣氣息得理百病不生道不在煩但能不思衣食不思聲色不思勝負不思得失不思榮辱心不勞神

不極但爾可得延年謀爲過當飲食不節養成大患也

憂愁

書云憂傷肺氣閉塞而不行　遇事而憂不止遂成肺勞胸膈逆滿氣從胸達背隱痛不已　女人憂思哭泣令陰陽氣結月水時少時多內熱苦渴色惡肌枯黑

驚恐

淮南子曰大怖生狂　書云驚則心無所倚神無所

歸慮無所定氣乃亂矣大恐傷腎恐不除則志傷恍惚不樂非長久之道臨危冒險則魂飛戲狂禽異獸則神恐

憎愛

淮南子曰好憎者使人心勞弗疾去其志氣日耗所以不能終其壽憎愛損性傷神心有所憎不用深憎常運心于物平等心有所愛不用深愛如覺偏頗尋即改正不然損性傷神

視聽

孫真人曰極目遠視夜讀註疏久居煙火博奕不休飲酒不已熱飡麪食抄寫多年雕鏤細巧房室不節泣淚過多刺頭出血逐風追獸喪明之由　書云心之神發乎目久視則傷心腎之精發乎耳久聽則傷腎

疑惑

國史補云李蟠常疑遇毒鎖井而飲心靈府也爲外物所中終身不痊多疑惑病之本也昔有飲廣客酒者壁有雕弓影落盃中客疑蛇也歸而疾作後飲其

地始知弓也遂愈又僧人入暗室踏破生茄疑爲物命念念不釋夜有扣門索命者僧約明日薦拔天明視之茄也疑之爲害如此

談笑

書云談笑以惜精氣爲本多笑則腎轉腰痛多笑則神傷神傷則悒悒不樂恍惚不寧多笑則臟傷臟傷則臍腹痛久爲氣損　行語令人失氣語多須住乃語

津唾

書云唾者溢爲醴泉　聚流爲華池府散爲津液降爲

甘露溉臟潤身宣通百脉化養萬神肢節毛髮堅固長春　人骨節中有涎所以轉動滑利中風則涎上潮咽喉裏響以藥壓下俾歸骨節可也若吐其涎時間快意枯人手足縱活亦爲廢人小兒驚風亦不可吐涎

起居

書云起居不節用力過度則絡脉傷傷陽則衄傷陰則下甚勞則喘息汗出損血耗氣

行立

書云久行傷筋勞于肝久立傷骨損于腎　養生云行不疾步立不至疲立不背日　眞人云夜行常啄齒殺鬼邪　書云行汗勿跂床懸脚久成血痺足痛腰疼　大霧不宜遠行行宜飲少酒從禦障

坐卧

書云久坐傷肉久卧傷氣坐勿背日勿當風濕成勞坐卧于塚墓之傍精神自散　寢不得言語五臟如懸磬不懸不可發聲　卧不可戲將筆墨畫其面魂不歸體　卧覺不語是寃魄外遊爲邪所執宜暗喚

忌以火照則神鬼不入乃至死于燈前魔者本由明出不忌火不宜近與及憂與亦喜失神鬼也隱居云卧處須當傍爐歇烘焙衣衾常損人

洗沐

書云新沐髮勿令當風勿濕縈髻勿濕頭卧令人頭風眩悶及生白屑髮禿面黑齒痛耳聾　炊湯經宿洗頭成癬洗面無光作甑畦瘡　閉覽云月疾切忌浴令人目盲

櫛髮

眞人曰髮多櫛去風明目不死之道也又曰頭髮梳百度　安樂詩云髮是血之餘一日一次梳通血脉散風濕

大小腑

書云忍尿不便成五淋膝冷成痺忍大便成五痔努小便足膝冷呼氣努大便腰疼目澁

衣

書云舂米汁泮衣欲下厚上薄養陽收陰繼世長生

大汗偏脫衣得偏風半身不遂酒醉汗出脫衣靴鞋

當風取凉成脚氣　瑣碎錄云若要安樂不脫不着

食

書云善養性者先渴而飲飲不過多多則損氣渴則傷血先飢而食食不過飽飽則傷神飢則傷胃又云夜半之食宜戒申酉前晚食爲宜

四時

内經云春爲痿厥奉生者少春三月此謂發陳夜卧早起生而勿殺逆之則傷肝夏爲寒變奉長者少夏四月此謂審秀夜卧早起使志無怒使氣得泄逆之

則傷心秋爲痎瘧奉壯者少秋三月此謂容平早卧早起使志安寧逆之則傷肺冬爲飧泄奉藏者少冬三月此謂閉藏水氷地拆無擾乎陽早卧晚起必待日光去寒就温毋泄皮膚逆之則傷腎

旦暮

書云早出含煖生薑少許避瘴開胃又旦起空腹不用見屍臭氣入鼻舌白起口臭欲見宜飲少酒　真人曰平明欲起時下床先左脚一日無災咎去邪兼辟惡如能七星步令人長壽樂　旦無嗔恚暮無大

醉勿遠行　書云夜行用手掠髮則精邪不敢近常

啄齒殺鬼邪　夜卧二足屈伸不並無夢泄有敎人

廣者朝不可虛暮不可實

四時攝生消息論

古杭高濂

春季攝生消息論

春三月此謂發陳天地俱生萬物以榮夜臥早起廣步於庭披髮緩行以使志生生而勿殺與而勿奪賞而勿罰此養氣之應養生之道也逆之則傷肝肝木味酸木能勝土土屬脾主甘當春之時食味宜減酸益甘以養脾氣春陽初升萬物發萌正二月間乍寒乍熱高年之人多有宿疾春氣所攻則精神昏倦宿

病發動又兼去冬以來擁爐薰衣啖炙炊煿成積至春因而發泄致體熱頭昏壅隔涎嗽四肢倦怠腰脚無力皆冬所蓄之疾常當體候若稍覺發動不可便行疎利之藥恐傷臟腑別生餘疾惟用消風和氣涼膈化痰之劑或選食治方中性稍凉利飲食調停以治自然通暢若無疾狀不可吃藥春日融和當眺園林亭閣虛敞之處用攄滯懷以暢生氣不可兀坐以生他鬱飲酒不可過多人家自造米麵團餅多傷脾胃最難消化老人切不可以飢腹多食以快一時之

口致生不測天氣寒暄不一不可頓去綿衣老人氣弱骨疎體怯風冷易傷湊裏時備夾衣遇煖易之一重漸減一重不可暴去

劉處士云春來之病多自冬至後夜半一陽生陽氣吐陰氣納心膈宿熱與陽氣相衝兩虎相逢狹道必鬬矣至於春夏之交遂使傷寒虛熱時行之患良由冬月焙火食炙心膈宿痰流入四肢之故也當服祛痰之藥以導之使不爲疾不可令背寒寒即傷肺令鼻塞咳嗽身覺熱甚少去上衣稍冷莫强恐即便加

服肺俞五臟之表胃俞經絡之長二處不可失寒熱之節諺云避風如避箭避色如避亂加減逐時衣少飡申後飯是也

肝臟春旺論

肝屬木爲青帝卦屬震神形青龍象如懸匏肝者幹也狀如枝幹居在下少近心左三葉右四葉色如縞映紺肝爲心母爲腎子肝中有三神名曰爽靈胎光幽精也夜卧及平旦扣齒三十六通呼肝神名使神清氣爽目爲之宫左目爲甲右目爲乙男子至六十

肝氣衰肝葉薄膽漸減目即昏昏然在形爲觔肝脈合於木魂之藏也於液爲淚腎邪入肝故多淚六府膽爲肝之府膽與肝合也故肝氣通則分五色肝實則目黃赤肝合於脈其榮爪也肝之合也觔緩脈弱不自持者肝先死也目爲甲乙辰爲寅卯音屬角味酸其臭臊羶心邪入肝則惡羶肝之外應東岳上通歲星之精春三月常存歲星青氣入於肝故肝虛者觔急也皮枯者肝熱也肌肉斑點者肝風也人之色青者肝盛也人好食酸味者肝不足也人之髮枯者

肝傷也人之手足多汗者肝方無病肺邪入肝則多笑治肝病當用噓爲瀉吸爲補其氣仁好行仁惠傷憫之情故闘悲則淚出也故春三月木旺天地氣生欲安其神者當澤及羣芻恩霑庶類無竭川澤毋漉陂塘毋傷萌芽好生勿殺以合太清以合天地生育之氣夜臥早起以合乎道若逆之則毛骨不榮金木相尅而諸病生矣

相肝臟病法

肝熱者左頰赤肝病者目奪而脇下痛引小腹令人

喜怒肝虛則恐如人將捕之實則怒虛則寒寒則陰氣壯夢見山林肝氣逆則頭痛耳聾頰腫肝病欲散急食辛以散用酸以補之當避風肝惡風也肝病臍左有動氣按之牢若痛支滿淋溲大小便難好轉筋肝有病則昏昏好睡眼生膜視物不明飛蠅上下努肉扳睛或生暈映冷淚兩角赤痒當服升麻散之劑

夏季攝生消息論

夏三月屬火主于長養心氣火旺味屬苦火能尅金

金屬肺肺主辛當夏飲食之味宜減苦增辛以養肺心氣當呵以疎之噓以順之三伏內腹中常冷特忌下利恐泄陰氣故不宜針灸惟宜發汗夏至後夜半一陰生宜服熱物兼服補腎湯藥夏季心旺腎衰雖大熱不宜吃冷淘氷雪蜜水涼粉冷粥飽腹受寒必起霍亂莫食瓜茄生菜原腹中方受陰氣食此凝滯之物多爲癥塊若患冷氣痰火之人切宜忌之老人尤當慎護平居簷下過廊衖堂破窻皆不可納涼此等所在雖涼賊風中人最暴惟宜虛堂淨室水亭木

陰潔淨空敞之處自然清涼更宜調息淨心常如冰雪在心炎熱亦于吾心少減不可以熱為熱更生熱矣每日宜進溫補平順丸散飲食溫暖不令大飽常常進之宜桂湯荳蔻熟水其于肥膩當戒不得于星月下露臥兼便睡着使人扇風取涼一時雖快風入腠裡其患最深貪涼兼汗身當風而臥多風痺手足不仁語言蹇澁四肢癱瘓雖不人人如此亦有當時中者亦有不便中者其說何也逢年歲方壯遇月之満得時之和即幸而免至後還發若或年力衰邁值

月之空失時之和無不中者頭爲諸陽之總尤不可風臥處宜密防小隙微孔以傷其腦戶夏三月毎日梳頭一二百下不得梳着頭皮當在無風處梳之自然去風明目矣

養生論曰夏謂蕃秀天地氣交萬物華實夜臥早起無厭于日使志無怒使華成實使氣得泄此夏氣之應長養之道也逆之則傷心秋發痎瘧奉收者少冬至病重

又曰夏氣熱宜食菽以寒之不可一于熱也禁飲食

湯禁食過飽禁濕地臥并穿濕衣

心臟夏旺論

心屬南方火爲赤帝神形如朱雀象如倒懸蓮蕋心者纖也所納纖微無不貫注變水爲血也重十二兩居肺下肝上對尾鳩下一寸（註曰胸中心口掩下尾鳩也）色如縞映絳中有七孔三毛上智之人心孔通明中智之人五孔心穴通氣下智無孔氣明不通無智狡詐心爲肝子爲脾母舌爲之宮闕竅通耳左耳爲丙右耳爲丁液爲汗腎邪入心則汗溢其味苦小腸爲心之府

與心合黃庭經曰心部之宅蓮含花下有童子丹元家主適寒熱榮衛和丹錦緋囊披玉羅其聲徵其嗅燋故人有不暢事心卽燋燥心熱通則知五味心病則舌燋捲而短不知五味也其性禮其情樂人年六十心氣衰弱言多錯忘心脈出于中衝生之本神之處也主明運用心合于脈其色榮也血脈虛少不能榮臟腑者心先死也心合辰之巳午外應南嶽上通熒惑之精故心風者舌縮不能言也血壅者心驚也舌無味者心虛也善忘者心神離也重語者心亂也

多悲者心傷也好食苦者心不足也面青黑者心氣冷也容色鮮好紅活有光心無病也肺邪入心則多言心通徵心有疾當用呵呵者出心之邪氣也故夏三月欲安其神者則含忠履孝輔義安仁安息火熾澄和心神外絕聲色內薄滋味可以居高朗遠眺望早臥早起無厭于日順于正陽以消暑氣逆之則腎心相爭火水相剋火病由此而作矣

相心臟病法

心熱者色赤而脈溢口中生瘡腐爛作臭胸膈肩背

兩脅兩臂皆痛心虛則心腹相引而痛或夢刀杖火熖赤衣紅色之物爐冶之事以恍怖人心病欲濡急食鹹以濡之用苦以補之甘以瀉之禁濕衣熱食心惡熱及水心病當臍上有動脈按之牢若痛更苦煩煎手足心熱口乾舌强咽喉痛嚥不下忘前失後

秋季攝生消息論

秋三月主肅殺肺氣旺味屬辛金能尅木木屬肝肝主酸當秋之時飲食之味宜減辛增酸以養肝氣肺盛則用呬以泄之立秋以後稍宜和平將攝但凡春

秋之際故疾發動之時切須安養量其自性將養秋間不宜吐并發汗令人消爍以致臟腑不安惟宜針灸下痢進湯散以助陽氣又若患積勞五痔消渴等病不宜吃乾飯炙煿并自死牛肉生鱠鷄猪濁酒陳臭醎醋粘滑難消之物及生菜瓜果鮓醬之類若風氣冷病痃癖之人亦不宜食若夏月好吃冷物過多至秋患赤白痢疾兼瘧疾者宜以童子小便二升并大腹檳榔五箇細剉同便煎取八合下生姜汁一合和收起臘雪水一鍾早朝空心分為二服瀉出三兩

行夏月所食冷物或膀胱有宿水冷膿悉爲此藥祛逐不能爲患此湯名承炁雖老人亦可服之不損元炁况秋痢又當其時此藥又理脚炁諸炁悉可取効丈夫瀉後兩三日以韭白煮粥加羊腎同煮空心服之殊勝補藥又當清晨睡覺閉目叩齒二十一丁嚥津以兩手搓熱熨眼數多于秋三月行此極能明目

又曰秋季謂之容平天氣以急地氣以明早卧早起與鷄俱興使志安寧以緩秋形收斂神氣使秋氣平無外其志使肺氣清此秋氣之應養收之道也逆之

則傷肺冬爲飧泄奉藏者少秋氣燥宜食麻以潤其燥禁寒飲并穿寒濕內衣千金方曰三秋服黃芪等丸一二劑則百病不生

肺臟秋旺論

肺屬西方金爲白帝神形如白虎象如懸磬色如縞映紅居五臟之上對胸若覆蓋然故爲華蓋肺者勃也言其氣勃鬱也重三觔三兩六葉兩耳總計八葉肺爲脾子爲腎母下有七魄如嬰兒名尸狗伏尸雀陰吞賊非毒除穢辟臭乃七名也夜臥及平旦時叩

齒三十六通呼肺神及七魄名以安五臟鼻爲之宮左爲庚右爲辛在氣爲咳在液爲涕在形爲皮毛也上通氣至腦戶下通氣至脾中是以諸氣屬肺故肺爲呼吸之根源爲傳送之宮殿也肺之脉出于少商又爲魄門久臥傷氣腎邪入肺則多涕肺生于右爲喘咳大腸爲肺之府大腸與肺合爲傳瀉行導之府鼻爲肺之宮肺氣通則鼻知香臭肺合于皮其榮毛也皮枯而毛落者肺先死也肺納金金受炁于寅生于巳旺于酉病于亥死于午墓于丑爲秋日爲庚辛

爲申酉其聲商其色白其味辛其臭腥心邪入肺則惡腥也其性義其情怒肺之外應五嶽上通太白之精于秋之王日存太白之氣入于肺以助肺神肺風者鼻卽塞也容色枯者肺乾也鼻痒者肺有虫也多恐懼者魄離于肺也身體黧黑者肺氣微也多怒氣者肺盛也不耐寒者肺勞也肺勞則多睡好食辛辣者肺不足也腸鳴者肺氣壅也肺邪自入者則好笑故人之顏色瑩白者則肺無病也肺有疾用呬以抽之無故而呬不祥也秋三月金旺主殺萬物枯損欲

安其魄而存其形者當含仁育物施恩斂容陰陽分形萬物收殺雀臥雞起斬伐草木以順秋氣長肺之剛則邪氣不侵逆之則五臟乖而諸病作矣

相肺臟病法

肺病熱右頰赤肺病色白而毛槁喘欬氣逆胸背四肢煩痛或夢美人交合或見花旛衣甲日月雲鶴貴人相臨肺虛則氣短不能調息肺燥則喉乾肺風則多汗畏風欬如氣喘且善暮甚病氣上逆急食苦以泄之又曰宜酸以收之用辛以補之苦以瀉之禁食

寒肺惡寒也肺有病不聞香臭鼻生瘜肉或生瘡疥皮膚燥痒炁盛咳逆唾吐膿血宜服排風散

冬季攝生消息論

冬三月天地閉藏水冰地坼無擾乎陽早卧晚起以待日光去寒就温毋泄皮膚逆之腎傷春爲痿厥奉生者少斯時伏陽在内有疾宜吐心膈多熱所忌發汗恐泄陽氣故也宜服酒浸補藥或山藥酒一二杯以迎陽氣寢卧之時稍宜虛歇宜寒極方加綿衣以漸加厚不得一頓便多惟無寒即已不得頻用大火

烘炙尤甚損人手足應心不可以火炙手引火入心使人煩燥不可就火烘炙食物冷藥不治熱極熱藥不治冷極水就濕火就燥耳飲食之味宜減鹹增苦以養心氣冬月腎水味鹹恐水尅火心受病耳故宜養心宜居處密室溫煖衣衾調其飲食適其寒溫不可冒觸寒風老人尤甚恐寒邪感冒多爲嗽逆麻痺昏眩等疾冬月陽氣在內陰氣在外老人多有上熱下冷之患不宜沐浴陽氣內蘊之時若加湯火所逼必出大汗高年骨肉疏薄易於感動多生外疾不可

早出以犯霜威早起服醇酒一杯以禦寒晚服消痰涼膈之藥以平和心氣不令熱氣上湧切忌房事不可多食炙煿肉麵餛飩之類

腎臟冬旺論

内景經曰腎屬北方水爲黑帝生對臍附腰脊重一觔一兩色如縞映紫主分水氣灌注一身如樹之有根左曰腎右名命門生氣之府死氣之廬守之則存用之則竭爲肝母爲肺子耳爲之官天之生我流氣而變謂之精精氣往來爲之神神者腎藏其情智左

屬壬右屬癸在辰爲子亥在氣爲吹在液爲唾在形
爲骨久立傷骨爲損腎也應在齒齒痛者腎傷也經
於上焦榮於中焦衛於下焦腎邪自入則多唾膀胱
爲津液之府榮其髮也黃庭經曰腎部之宫玄闕圓
中有童子名上玄主諸臟腑九液源外應兩耳百液
津其聲羽其味鹹其臭腐心邪入腎則惡腐凡丈夫
六十腎氣衰髮變齒動七十形體皆困九十腎氣焦
枯骨痿而不能起床者腎先死也腎病則耳聾骨痿
腎合於骨其榮在髭腎之外應北岳上通辰星之精

冬三月存辰星之黑氣入腎中存之人之骨疼者腎虛也人之齒多齟者腎衰也人之齒墮者腎風也人之耳痛者腎氣壅也人之多欠者腎邪也人之腰不伸者腎乏也人之色黑者腎衰也人之容色紫而有光者腎無病也人之骨節鳴者腎羸也肺邪入腎則多呻腎有疾當吹以瀉之吸以補之其氣智腎氣沉滯宜重吹則漸通也腎虛則夢入暗處見婦人僧尼龜鼈駞馬旂鎗自身兵甲或山行或溪舟故冬之三月乾坤氣閉萬物伏藏君子戒謹節嗜欲止聲色以

待陰陽之定無就陰陽以全其生合乎太清

相腎臟病法

腎熱者頤赤腎有病色黑而齒槁腹大體重喘咳汗出惡風腎虛則腰中痛腎風之狀頸多汗惡風食欲下膈塞不通腹滿脹食寒則泄在形黑瘦腎燥急食辛以潤之腎病堅急食鹹以補之用苦以瀉之無犯熱食無着煖衣腎病臍下有動氣按之牢若痛苦食不消化體重骨疼腰膝膀胱冷痛脚疼或痺小便餘瀝疝瘕所纏宜服腎氣丸

右四時調攝養生治病大旨盡乎此矣他如靈素諸編皆緒論耳屠本畯識

攝生消息論終

[illegible]

右四時調攝牋合治法大吉嘉平近衆生之靈藥

按摩導引訣

古杭高濂

高子曰人身流暢皆一氣之所週通氣流則形和氣塞則形病故元道經曰元氣難積而易散關節易閉而難開人身欲得搖動則穀氣易消血脉疏利仙家按摩導引之術所以行血氣利關節辟邪外干使惡氣不得入吾身中耳傳曰戶樞不蠹流水不腐人之形體亦由是也故延年却病以按摩導引爲先

夜半子候

少陽之氣生於陰分修生之士於子時修鍊古人之一日行持始於子一歲功用起於復一陽之月是也即今之十一月

轉脅舒足

混元經曰戌亥子三時陰氣生而人寐寐則氣滯於百節養生家睡不厭縮覺不厭伸故陽始生則舒伸轉掣務令榮衛周流也

導引按蹻

蹲身令起平身正坐兩手叉項後仰視舉首左右招搖使項與手爭次以手扳脚稍閑氣取太衝之氣太衝

穴在大指本節後二寸骨鏬間陷者左挽如引弓狀右挽亦如之左令人精和血通風氣不入久能行之無病延年

捏目四眥

太上三關經云常以手按目近鼻之兩眥閉氣爲之氣通卽止終而復始常行之眼能洞見又云導引畢以手按目四眥三九徧捏令見光明是檢眼神之道久爲之得見靈通也

摩手熨目

捏目四眥畢卽用兩手側立摩掌如火開目熨睛數

徧

對修常居

内景經云常以雨手按眉後小穴中二九一年可夜作細書亦可於人中密行之勿語其狀眉後小穴爲上元六合之府主化生眼暈和瑩精光長珠徹瞻保鍊月精是眞人坐起之道紫微夫人曰仰和天眞俯按山源天眞是兩眉之角山雨之鼻下人中也兩眉之角是徹視之津梁鼻下人中山引靈之上房

俯按山源

紫微夫人云俯按山源是鼻下人中之本側在鼻下小谷中也楚莊公時市長宋來子洒掃一市常歌曰手爲天馬鼻爲山源每經危險之路廟貌之間心中有疑忌之意者乃先反舌內向嚥津一二徧畢以左手第二第三指捏兩鼻孔下人中之本鼻中隔孔之內際也鼻中隔孔之際一名山源一名鬼井一名神池一名魂臺捏畢因叩齒七徧又以手掩鼻手按山源則鬼井閉門手薄神池則邪根分散手臨魂臺則玉真守關鼻下山源是一身之武津真邪之通府守

真者所以遏萬邪在我運攝云耳

營治城郭

消魂經云耳欲得數按抑左右令無數使人聽徹所謂營治城郭名書皇籍

擊探天鼓

天鼓者耳中聲也舉兩手心緊掩耳門以指擊其腦戶常欲其聲壯盛相續不散一日三探有益下丹田或聲散不續無壯盛者卽元氣不集也宜整之

拭摩神庭

真誥云面者神之庭髮者腦之華心悲則面焦腦減則髮素太素丹經云一面之上常欲得兩手摩拭之使熱高下隨形皆使極匝令人面色有光澤皺斑不生行之五年色如少女所謂山澤通氣勤而行之手不離面乃佳也潁陽書云髮宜多櫛齒宜數叩液宜常嚥氣宜常鍊手宜在面此五者所謂子欲不死修崑崙也

上朝三元

真誥云順手摩髮如理櫛之狀使髮不白以手乘額

上謂之手朝三元固腦堅髮之道也頭四面以手乘順just結唯令多也於是頭血流散風濕不凝

下摩生門

黄庭經云兩部水王對生門生門者臍也閉内氣鼓小腹令滿以手摩一周天三十六度

三 櫛髮去風

谷神訣凡梳頭勿向北梳欲得多多則去風多過一千少不下數百仍令人數之太極經云理髮欲向王地櫛之取多而不使痛亦可令侍者櫛也於是血液

不滯髮根常堅

運動水土

真誥云食勿過多多則生病飽愼便臥臥則心蕩學道者當審之登眞秘訣云食飽不可睡睡則諸疾生但食畢須勉強行步以手摩兩脅上下良久又轉手摩腎堂令熱此養生家謂之運動水土水土卽脾腎也自然飲食消化百脉流通五臟安和養生論云已饑方食纔飽卽止申未之間時飲酒一盃止饑代食酒能淘蕩陰滓得道之人熟穀之液皆所不廢酒能

錄人眞氣靈劍子服氣經云酒後行氣易通然不可多及吐反有所損

太上混元按摩法

兩手捺髀左右捩肩二七徧左右紐身二七徧兩手抱頭左右紐腰二七徧

左右搖頭二七徧一手抱頭一手托膝三折左右同

兩手托頭三舉之一手托頭一手托膝從下向上三徧左右同兩手攀頭下向三頓足兩手相捉頭上過左右三徧

兩手相叉托心前推却挽來三徧著心三徧
曲腕築肋挽肘左右亦三徧左右挽前後拔各三徧
舒手挽項左右三徧
反手著膝手挽肘覆手著膝上左右亦三徧手摸眉
從上至下使徧左右同兩手空拳築三徧外振手三
徧內振三徧覆手振亦三徧兩手相叉反覆攪各七
徧摩紐指三徧
兩手反搖三徧兩手反叉上下紐肘無數單用十味
兩手上聳三徧下頓三徧

兩手相叉頭上過左右伸肋十徧兩手拳反背上掘脊上下亦三徧（掘指之也）兩手反捉上下直脊三徧覆掌搦腕内外振三徧覆掌前聳三徧覆掌兩手相叉交横三徧覆手横直即聳三徧若有手患冷從上打至下得熱便休舒左脚右手承之左手捺脚聳上至下直脚三徧右手捺脚亦爾前後捩足三徧左捩足右捩足各三徧前後却捩足三徧直脚三徧紐䏶三徧内外振脚三徧若有脚患冷者

打熱便休

紐䏶以意多少頓脚三徧却直三徧

虎摅左右紐肩三徧推天托地左右三徧左右排山

負山拔木各三徧

舒手直前頓伸手三徧舒兩手兩膝亦各三徧舒脚

直反頓伸手三徧捩内脊各三徧

天竺按摩法

兩手相捉紐捩如洗手法

兩手淺相叉翻覆向胸

兩手相捉共按脞左右同

兩手相重按脞徐徐捩身左右同

以手如挽五石力弓左右同

作拳向前築左右同

如托石法左右同

作拳却頓此是開胸左右同

大坐斜身偏欹如排山左右同

兩手抱頭宛轉脞上此是抽脅

兩手據地縮身曲脊向上三舉

以手反搥背上左右同

大坐伸兩脚即以一脚向前虛掣左右同

兩手據地迴顧此是虎視法左右同

立地反拗身三舉

兩手急相叉以脚踏手中左右同

起立以脚前後虛踏左右同

大坐伸兩脚用相當手勾所伸脚著膝中以手按之

左右同

右十八勢但逐日能依此三徧者一月後百病除

行及奔馬補益延年能食眼明輕健不復疲乏

婆羅門導引十二法

第一龍引以兩手上拓兼似挽弓勢左右同又叉手相捉頭上過

第二龜引峻坐兩足如八字以手拓膝行摇動又左顧右顧各三徧

第三麟盤側臥屈手承頭將近床脚屈向上曲髀展上脚向前拗左右同

第四虎視兩手據床拔身向背後視左右同

第五鶴舉起立徐徐返拗引頸左右挽各五徧

第六鸞趨起立以脚徐徐前踏又握固以手前後策各三徧

第七鴛翔以手向背上相捉低身徐徐宛轉各五徧

第八熊迅以兩手相叉飜覆向胸臆抱膝頭上宛轉各三徧

第九寒松控雪大坐手據膝漸低頭左右搖動徐徐廻轉各一徧

第十冬栢凌風兩手據床或低或舉左右引細拔廻

旋各三徧

第十一仙人排天大坐斜身偏倚兩手據床如排天左右同

第十二鳳凰鼓翅兩手交搥膊并連臂返搥背上連腰腳各三數度為之細拔迴旋但取使快為上不得過度更至疲頓

擦湧泉穴說

其穴在足心之上濕氣皆從此入日夕之間常以兩足赤肉更次用一手握指一手磨擦數目多時覺足

心熱即將脚指略略動轉倦則少歇或令人擦之亦得終不若自擦爲佳

擦腎腧穴説

張成之爲司農丞監支同坐時冬嚴寒余一二刻間兩起便　問曰何頻數若此答曰天寒自應如是張云某不問冬夏只早晚兩次余詒之曰有導引術乎曰然余曰旦夕當北面因暇專往叩請荷其口授曰某先爲家婿妻弟少年遇人有所得遂教小訣臨卧時坐於床垂足解衣閉氣舌柱上腭目視頂仍提

縮穀道以手摩擦兩腎腧穴各一百二十次以多爲妙畢即卧如是三十年極得力歸禀老人老人行之旬日云真是奇妙亦與親舊中篤信者數人言之皆得効驗

治萬病坐功訣

古杭高濂

凡治諸病病在喉中胸中者枕高七寸病在心下者枕高四寸病在臍下者去枕以口出炁鼻納炁者名曰瀉閉口温炁咽之者名曰補欲引頭病者仰頭欲引腰脚病者仰足十指欲引胸中病者挽足十指欲引去腹中寒熱諸所不快者皆閉炁脹腹欲息者須以鼻息已復爲至愈乃止矣

一平坐申腰脚兩臂展手據地口徐吐炁以鼻納之

除胸中肺中之痛咽炁令温閉目行此

一端坐申腰以鼻内炁閉之自前後摇頭各三十次除頭虛空花天耗地轉之疾閉目摇之

一將左脇側卧以口吐炁以鼻納之除積聚心下不快之證

一端坐申腰徐以鼻納炁以右手持鼻摇目昇若淚出者去鼻中息亦治耳聾亦除傷寒頭痛之疾皆當以汗出爲度

一正偃卧以口徐出氣以鼻納之除裏急飽食後小

咽若咽炁數至十令溫爲度若炁寒者使人乾嘔腹痛可用鼻納炁咽之七至十至百則大塡腹内除邪炁補正炁也

一右脇側臥以鼻納炁以口小吐炁數至十兩手相摩熱以摩腹令其炁下出之除兩脇皮膚痛悶之疾愈者止

又法

一端坐申腰舉左手仰掌以右手承右協以鼻納炁自極七息除瘀血納炁筭並皆治之

一端坐申腰舉右手仰掌以左手承左脇以鼻內炁自極七息除胃寒食不變則愈

一兩手却據仰頭自以鼻納炁自極七息搖足三十而止除胸足中寒周身痺厥逆嗽

一偃卧屈膝令兩膝頭內向相對手翻兩足申腰以鼻納炁自極七息除痺癖熱痛兩脛不遂

一平坐兩手抱頭宛轉上下名爲開脇除身體昏沉不通暢者並皆治之愈

一踞坐申右脚兩手抱左膝頭申腰以鼻納炁自極

七息除難屈伸及拜起脛中痛瘀痺等病皆治之

一踞坐申左足兩手抱右膝申腰以鼻納炁自極七息展左足著外除難屈伸及拜起脛中疼一本云除風并目𥌭耳聾

一正偃臥直兩手撚胞所在令如油囊裹丹除下濕小便難仰小腹重不快若腹中熱但口出氣鼻納之數十止亦不須小咽之若腹中不熱者行七息以溫炁咽之十止

一覆臥傍視兩踵伸腰以鼻納炁自極七息除腳中

弦痛轉筋及脚酸痛

一踞坐兩手抱兩膝頭以鼻納炁自極七息除腰痺

背痛

一偃卧展兩脞兩手令兩踵相向亦鼻納炁自極七息除死肌及足脞寒痲之疾

一偃卧兩手兩脞左膀兩足踵以鼻納炁自極七息除胃中有食不消苦嘔之疾

一踞坐申腰以兩手引兩踵以鼻納炁自極七息向兩膝頭者除身痺嘔逆之疾

一偃臥展兩手兩脚仰足指以鼻納炁自極七息除
腹中弦急切痛
一偃臥左足踵拘右足拇指以鼻納炁自極七息除
厥疾若人脚錯踵不拘拇指依法行之
一偃臥以右足踵拘左足拇指以鼻納炁自極七息
除周身痺
一病若在左端坐申腰右視目以鼻納炁極而吐之
數十止閉目而作
一若病在心下積聚者端坐申腰向日仰頭徐以鼻

納炁因而咽之三十而止開目而作

一若病在右端坐申腰左視目以鼻徐納炁而咽之數十止

元陽經云常以鼻納炁含而漱之舌撩唇齒咽之一日夜得千咽者大佳當少飲食多卽炁逆逆則百脉閉百脉閉則炁不行炁不行則疾病生

守庚申法

古杭高濂

守庚申捷法

存頭中有太上老君泥丸真人著遠遊冠子服玄袍坐於冥光帳中下視口目耳鼻清滌氣謂之上一拘上部之魂心中有太上帝絳宮真人著九陽冠服丹南逸景之袍坐於朱綾帳中下視四體情狀肝脾膽腎皆令清潔如五色玉謂之中一拘四肢之邪精存臍内有太黄老君黄真人二人戴十靈之冠服黄羅

之袍坐於黄綿帳中下視脾腸之孔竅皆令分明如素謂之下一拘腸胃制骸魄於是三尸無從得動也

制三尸日

凡甲寅庚申之日是三尸鬼競亂精神之日也不可與夫妻同室寢食可慎之甲寅日可割指甲甲午日可割脚甲此是三尸遊處故以割除以制尸魄也

除三尸七魄要訣

以春乙卯日夏丙午日秋庚申日冬壬子日瞑目卧時先擣朱砂雄黄雌黄三分等細羅之綿裹如棗大

以塞鼻中此謂消三尸鍊七魄之道祕法勿令有知者明日日中時以東流水浴畢更整飾床席三尸服新衣洗除鼻中綿纍及掃洒寢席床下通令所止一室潔淨便安枕臥閉氣握固良久微咒曰

天道有常　改故易新　上帝吉日

沐浴爲真　三氣消尸　朱黄合魂

寶鍊七魄　元與我親

咒畢此道是消鍊尸穢之上法改真新形之要訣四時唯各取一日爲吉

趙先生曰欲除三尸九蟲之法常以月建之日夜半子時密出庭中正東向平體正氣叩齒三十通訖舉頭小仰卽復下頭小俛因咽液二七過叉雙前却兩手二七過前後却授手爲之竊咒曰南昌君五人官將百二十人爲某除三尸伏尸將某周遊天下過度災厄語訖徐徐左回還臥行之三尸淮滅若月中有重建者爲修之法欲得齋戒獨住不欲人雜錯務令寂靜勿使人知之及六畜鳥獸並無聲爲妙此法易行無恍惚之患

拘三魂法

其日夕卧去枕向上伸足交手心上瞑目閉氣三息叩齒三通存心有赤氣如雞子從内仰上從目中出外轉大覆身變成火燒身周帀内外洞徹如一覺體中小熱叩齒三通呼爽靈胎光幽精三神急住因微祝曰

太微玄宮中黃始青内鍊三魂胎光安寧神寶玉室與我俱生不得妄動監者太靈若欲飛行唯得詣太極上清若欲饑渴唯得飲徊水玉精

制七魄法

其日夕臥向上伸足兩手掌掩兩耳宾目閉氣七過叩齒七通上下叩數遍為一通存鼻中端有白氣如小豆須臾漸大冠身九重忽又各變成天獸如此良久咽液七過叩齒七通呼尸狗伏矢雀陰呑賊非毒除穢臭肺

又微祝曰尸狗已下七神名也

素氣九廻制魄邪姦天獸守門嬌女執關鍊魄和柔與我相安不得妄動看察形源若汝饑渴聽飲月黄日丹

奇遁甲法終

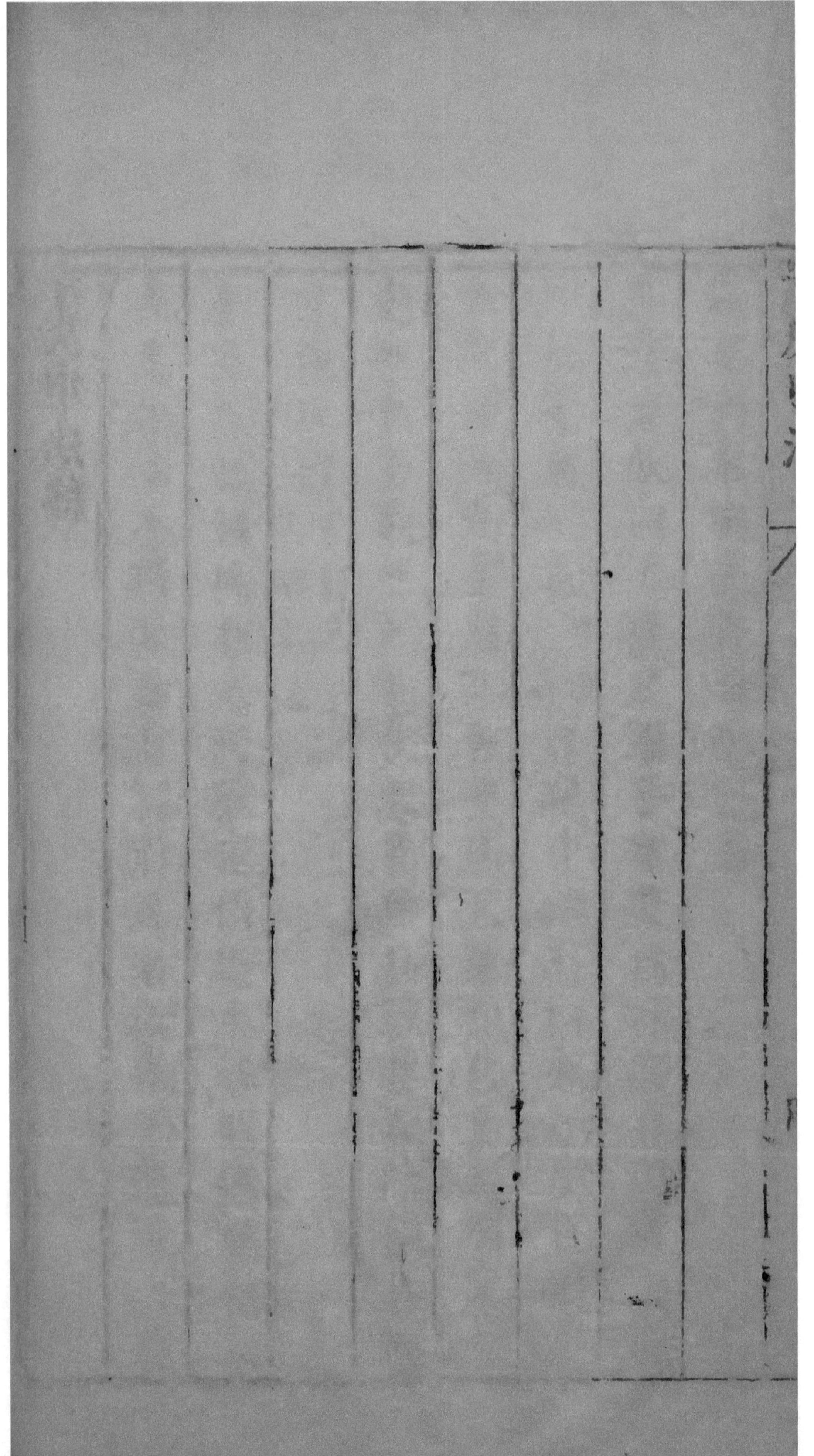

絕三尸符咒

古杭高濂

太上曰：三尸九蟲能爲萬病，病人夜夢戰鬬，皆此蟲也。可用桃板爲符，書三道，埋於門閫下，即止矣。毎以庚申日書帶之，庚子日吞之，三尸自去矣。常以六庚日書姓名安元命籙中，三尸不敢爲患也。

符式如左

書符之法：須閉神存炁，想金光自空中圓焰若火，取來吹入筆中，書符無不應驗。

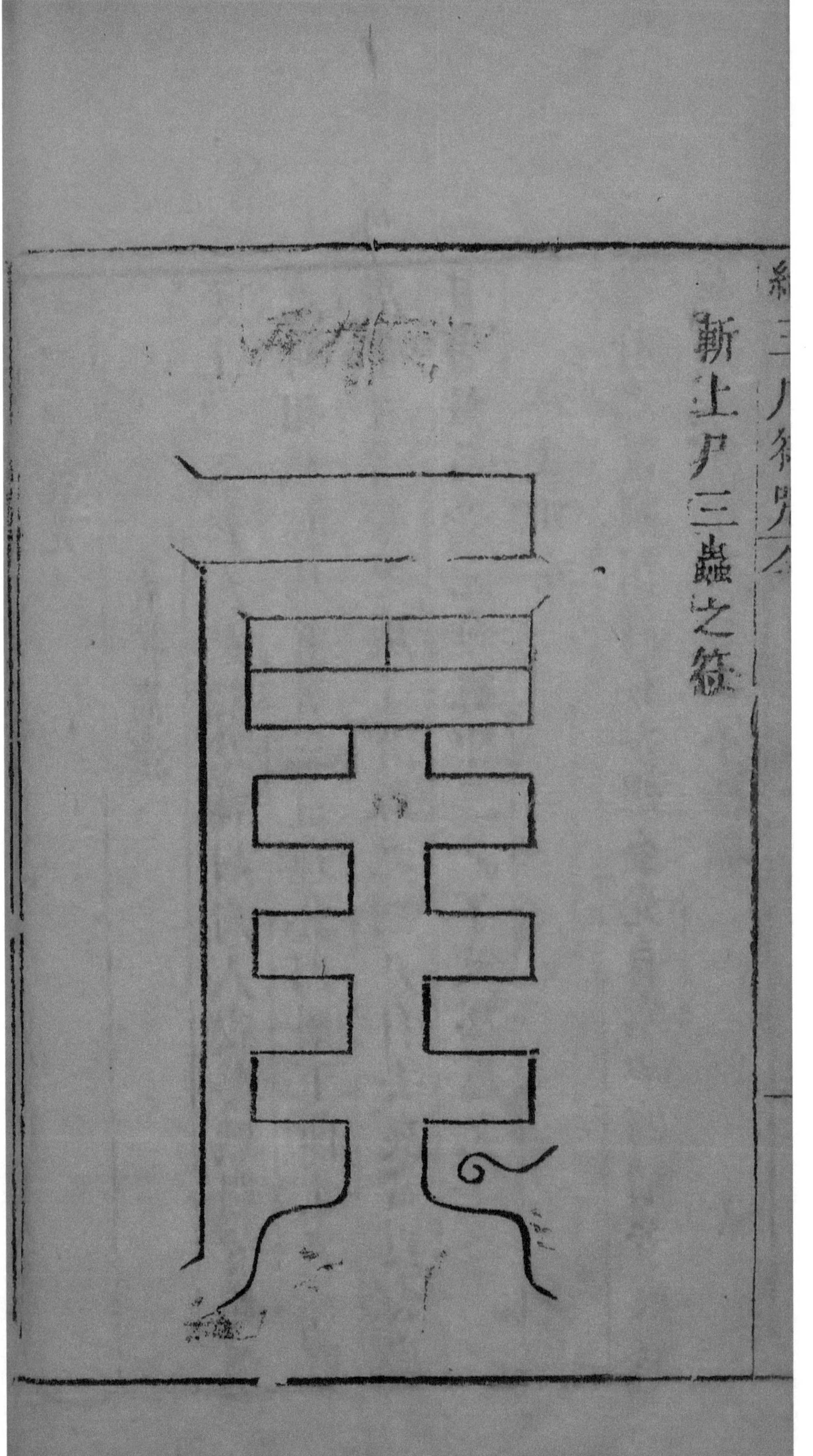

斬上尸三蟲之符

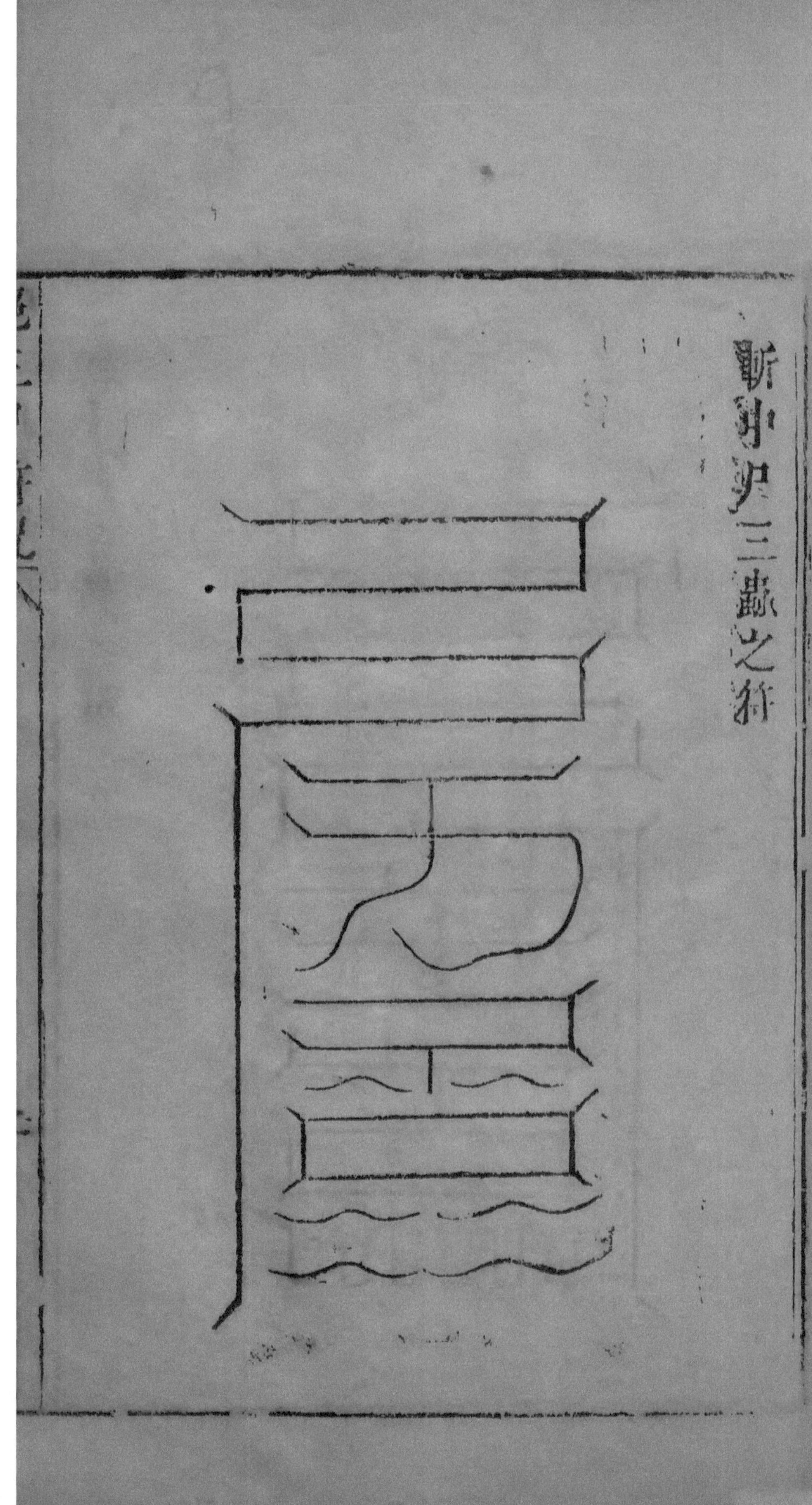

◎

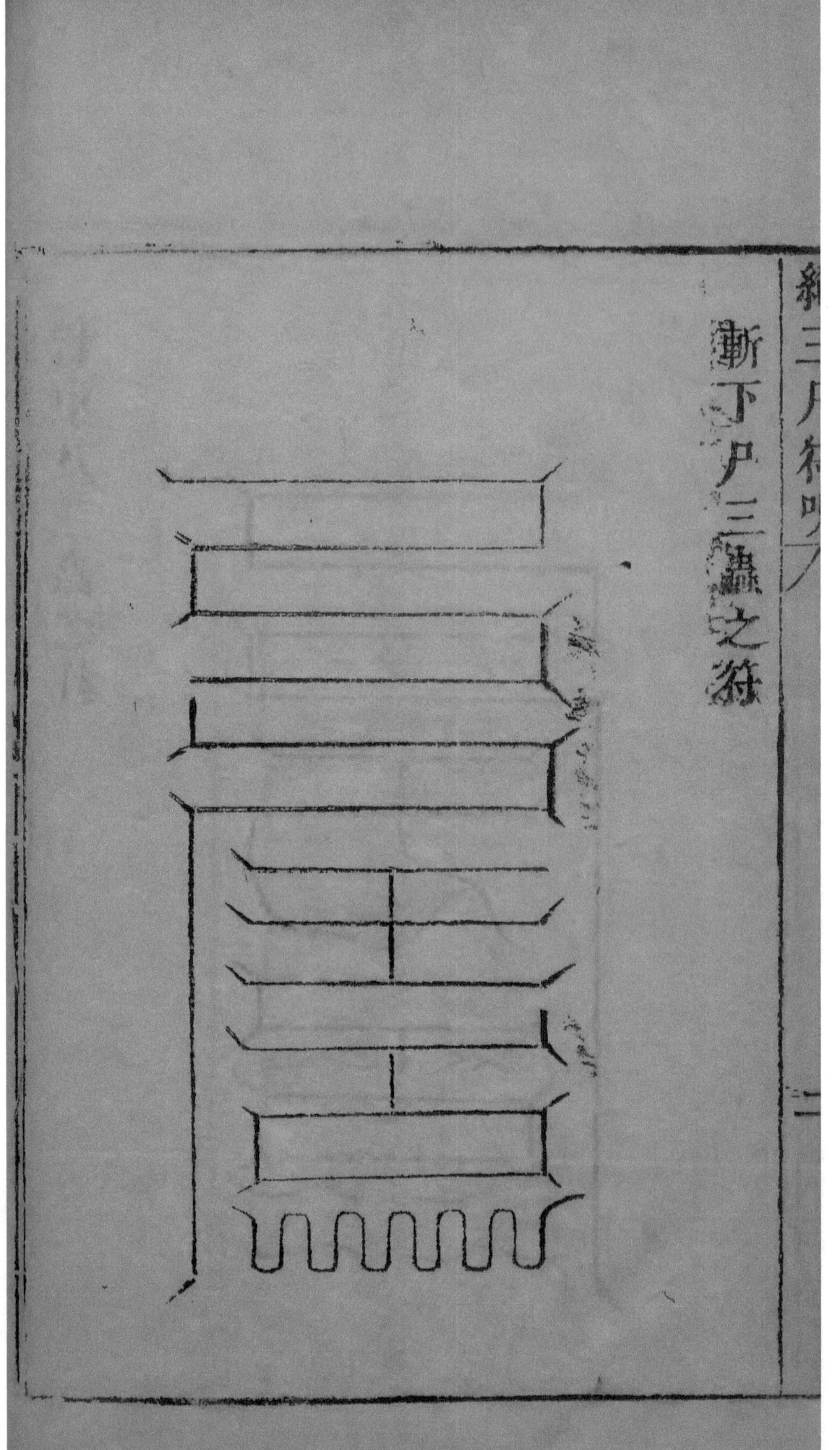

斬下尸三蟲之符

此符消九蟲當以六庚日服符以白紙竹紙硃書服每庚皆如之惟庚申書之不限多少從庚申日早朝服止次庚午日又服一道値六庚勿失蟲皆不貫五藏人身無病也敕符咒曰

日出東方赫赫堂堂某服神符符衛四方神符入腹換胃蕩腸百病除愈骨體康強千鬼萬邪無有敢當知符爲神知道爲真吾服此符九蟲離身攝錄萬毒上昇真人

附太上真人除三尸訣

以春乙卯日夏丙午日秋庚申日冬壬子日寅日卧時先搗朱砂雄黄雌黄三分等細羅之綿裹如棗大以塞鼻中此謂消三尸鍊七魄之道祕法勿令有知者明日日中時以東流水浴畢更整飾床席三尸服新衣洗除鼻中綿裹及掃洒寢席床下通令所止一室潔淨便安枕卧閉氣握固良久微咒曰

天道有常　改故易新　上帝吉日　沐浴爲真

三氣消尸　朱黄合魂　寶鍊七魄　元與我親

咒畢此道是消鍊尸穢之上法改真新形之要訣四

時唯各取一日爲吉
趙先生曰欲除三尸九蟲之法常以月建之日夜半子時寄出庭中正東向平體正氣叩齒三十通訖舉頭小仰卽復下頭小俛因咽液二七過又雙前却兩手二七過前後却授手爲之竊咒曰南昌君五人官將百二十人爲某除三尸伏尸將某周遊天下過度災厄語訖徐徐左回還臥行之三尸消滅若月中有重建者爲修之法欲得齋戒獨住不欲人雜錯務令寂靜勿使人知之及六畜鳥獸並無聲爲妙此法易

行無恍惚之患

老君去尸蟲方

貫衆五分殺伏蟲　白雀蘆寸五分殺尭蟲

蜀漆三分殺白蟲　蕪荑五分殺肉蟲

雷丸五分殺赤蟲　僵蚕四分殺鬲蟲

厚朴五分殺肺蟲　狼牙子四分殺胃蟲

石蚕五分殺蟯蟲

右九件炒微香爲末蜜丸桐子大輕粉一分調漿

服五丸日三服巳后淡白湯加至十丸三十日見

效百日病愈衆蟲俱盡滅須至誠服之無不效也
甲子日爲之

三尸符咒終

服食方

古杭高濂

一高子曰服食方藥皆余數十年慕道精力考有成

一據非他傳悞人者此慧眼寶之

服松脂法

採上白松脂一斤即今之松香 桑灰汁一石

先將灰汁一斗煮松脂半乾將浮白好脂撫入冷水

候凝復以灰汁一斗煮之又取如上兩人將脂團圓

扯長十數遍又以灰汁一斗煮之以十度煮完遂成

白脂研細爲末每服一匙以酒送下空心近午晚日三服服至十兩不饑夜視目明長年不老

服松子法

不以多少研爲膏空心温酒調下一匙日三服則不饑渴久服日行五百里身輕體健

服食松根法

取東行松根剝取白皮細剉曝燥擣篩飽食之可絕穀渴則飲水

服栢實方

右於八月合取取柘實曝之令坼其子自脫用清水淘取沉著控乾輕椎取仁擣羅爲細末每服二錢匕酒調下

服槐實法

於牛膽中漬浸百日陰乾每日吞一枚百日身輕[illegible]日白髮自黑久服通明

服茯苓法

茯苓削去黑皮擣末以醇酒於瓦器中漬令淹足又瓦器覆上密封泥塗十五日發當如餌食造餅日三

亦可屑服方寸匕不饑渴除病延年

服黃精法

黃精細切一石以水二石五升一云六石微火煮旦至夕熟出使冷手擂碎布囊搾汁煎之滓曝燥擣末合向釜中煎熬可爲丸

服术法

於潛术一石淨洗擣之水二石漬一宿煮減半加清酒五升重煮取一石絞去滓更微火煎熬納大豆末二升天門冬末一升攪和丸如彈子旦服三丸日一

或山居遠行代食耐風寒延壽無病此崔野子所服

法天門冬去心皮也

仙术丸方

蒼术米泔浸夏秋三日春七日去皮洗淨蒸半日作片焙乾石臼搗爲末煉蜜爲丸如梧桐子大每日早晨日午酒下五十丸

服萎蕤法

常以二月九日採葉切乾治服方寸七日三亦依黄精作餌法服之導氣脉强筋骨治中風跌筋結肉去

面皺好顔色久服延年神仙

服桑椹法

桑椹利五臟關節通血氣久服不饑多收晒乾擣末蜜和爲丸每日服六十丸變白不老取黑椹一升和蝌蚪一升瓶盛封閉懸屋東頭盡化爲泥染白如漆又取二七枚和胡桃二枚研如泥拔去白髪塡孔中即生黑髪

服豨薟法

豨薟俗呼火枚草春生苗葉秋初有花秋末結實近

世多有單服者云甚益元氣張乖崖進呈表云誰知至賤之中乃有殊常之効臣喫至百服眼目輕明至于服髭鬢烏黑筋力較健効驗多端

服菖蒲法

法用三月三日四月四日五月五日六月六日七月七日八月八日九月九日十月十日采之須在清淨石上水中生者仍須南流水邊者佳

服蓮花法

七月七日採蓮花七分八月八日採蓮根八分九月

九日採蓮子九分陰乾食之令人不老

服天門冬法

乾天門冬十斤杏仁一升擣末蜜溲方服寸七日三夜一　始所服名曰仙人糧

不畏寒方

取天門冬茯苓爲末或酒或水調服之每日頻服大寒時汗出單衣忘令

服椒法

青城山老人服椒得妙訣年過九十餘貌不類期耋

再拜而請之忻然為我說蜀椒二斤淨觧鹽六兩潔
糝鹽慢火煮煮透滾菊末初服十五圓早晚不可輟
每月漸漸增累之至二百鹽酒或鹽浸任君意所歡
服及半年間胸膈微覺塞毋日退十圓還至十五粒
俟其無礙時數復如前日常令氣熏蒸否則前功失
飲食蔬果等並無所忌節一年効即見容顏頰悅澤
目明而耳聰鬚烏而髮黑補腎輕腰身固氣益精血
椒溫鹽亦溫菊性去煩熱四旬方可服服之幸毋忽
逮至數十年功與造化埒耐老更延年不知幾歲月

嗜慾若能忘其効尤卓絕我欲世人安作歌故恒切

服五加皮說

舜常登蒼梧曰厥金玉香草即五加皮也服之延年故曰寧得一把五加不用金玉滿車寧得一斤地榆不用明月寶珠昔魯定公母單服五加皮酒以致延生如張子聲楊始建王叔才于世彥等皆古人服五加皮酒房室不絕皆壽考多子

金水煎

延年益壽塡精補髓久服髮白變黑返老還童

地仙煎

治腰膝疼痛一切腹內冷病令人顏色悅澤骨髓堅固行及奔馬

山藥一斤 杏仁一升湯泡去皮尖 生牛乳二斤

右件將杏仁研細入牛乳和山藥拌絞取汁用新磁瓶密封湯煮一日每日空心酒調服一匙頭

枸杞子不以多少采紅熟者

右用無灰酒浸之冬六日夏三日於砂盆內研令極細後以布袋絞取汁與前浸酒一同慢火熬成膏

瓊玉膏

此膏塡精補髓腸化爲筋萬神俱足五臟盈溢髮白變黑返老還童行如奔馬日進數服終日不食亦不饑開通强志日誦萬言神識高邁夜無夢想服之十劑絕其欲修陰功成地仙矣一料分五處可救五人癰疾分十處可救十人癆疾修合之時沐浴至心勿輕示人

新羅參二十四兩去蘆　生地黃一十六斤取汁

白茯苓四十九兩去皮　白沙蜜一十斤煉淨

益氣牛乳方

黄牛乳最宜老人性平補血脉益心氣長肌肉令人身體康强潤澤面目光悦志不衰故人常須供之以爲常食或爲乳餅或作乳飲等恒使恣意充足爲度此物勝肉遠矣

雞子丹

養雞雌雄純白者不令他雞同處生卵扣一小孔傾去黄白即以上好舊坑辰砂爲末和塊入卵中蠟封其口還令白雞抱之待雛出藥成和以蜜服如豆大

每服二九日三進久服長年延算

雄黄丸

用雄黄透明如雞冠不雜石搗羅一兩松香採明淨純白水中者煮二三次將浮起者取用

如前法

右二物和匀杵爲丸彈子大每早酒下一丸服十日三尸百虫自下出

服杏金方

取肥實杏仁五斗以布袋盛用井花水浸三日夾入甑中以帛覆之上鋪黄泥五寸炊一日去泥取出又

於粟中炊一日又於小麥中炊一日壓取油五升澄清用銀餅一隻打如水餅樣如無銀者用好砂罐爲之入油在内不得滿又以銀圓葉可餅口大小蓋定銷銀汁灌固口縫入於大釜中煮七復時常攪動看油結打開取藥入器中火消成汁傾出放冷其色如金後入臼中搗之堪丸即丸如黃米大空心旦暮酒下或用津液下二十九久服保氣延年鬢白變黑能降萬病

蒼龍養珠萬壽紫靈丹

丹法入深山中選合抱大松樹用天月德金木并交
日上腰鑿一方孔方圓三四寸者入深居松之中止
孔內下邊鑿一深凹坎選上等舊坑辰砂一斤明透
雄黃八兩共爲末和作一處綿紙包好外用紅絹囊
裹縫封固納松樹中空處以茯苓末子塡塞完滿外
截帶皮如孔大楔子敲上又用黑狗皮一片釘遮松
孔恐有靈神取砂令山中人看守取松脂升降靈氣
將砂雄養成靈丹入樹一年後夜間松上有螢火光
二年漸大三年光照滿山取出二末再研如塵每服肉

爲丸如梧子大先以一盤獻祝天地神祇後用井花水清晨服一二十丸一月後眼能夜讀細書半年行若奔馬一年之後三尸消滅九虫遁形玉女來衛六甲行除再行陰功積德地仙可位松乃蒼龍之精砂乃赤龍之體得天地自然升降水火之氣而成丹非人間作用其靈如何

九轉長生神鼎玉液膏

白术 氣情柔順而補每用二斤秋冬采之去粗皮

赤术 即蒼术也性剛雄而發每用十六兩同上製

二藥用木石臼搗碎入缸中用千里水浸一日夜山泉亦好次入砂鍋煎汁一次收起再煎一次絹濾楂淨去渣將汁用桑柴火緩緩煉之熬成膏磁罐盛貯封好入土埋一二日出火氣用天德日服三錢一次白湯調下或含化俱可久服輕身延年悅澤顔色忌食桃李雀蛤海味等食更有加法名曰九轉

二轉加人參三兩煎濃汁二次熬膏入前膏內名曰長生神芝膏

三轉加黄精一斤煎汁熬膏加入前膏內名曰三台益算膏

四轉加茯苓遠志去心各八兩熬膏加入前膏內名曰四仙求志膏

五轉加當歸八兩酒洗熬膏和前膏內名曰五老朝元膏

六轉加鹿茸麋茸各三兩研爲末熬膏和前膏內名曰六龍御天膏

七轉加琥珀紅色如血者佳飯上蒸一炊爲細末一兩和前膏內名曰七元歸真膏

八轉加酸棗仁去核淨肉八兩熬膏和煎膏內名曰八神衛護膏

九轉加栢子仁淨仁四兩研如泥入前膏內名曰九龍扶壽丹

丹用九法加入因人之病而加損故耳又恐一并煉膏有火候不到藥味有即出者有不易出者故古聖立方必有妙道

玄元護命紫芝杯

此杯能治五勞七傷諸虛百損左癱右瘓各色瘋疾諸邪百病

用明淨硃砂一斤半先取四兩入水火陽城礶打大火一日一夜取出研細又加四兩如此加添打火六次足共爲細末將打火鐵燈盞毆打一鐵大酒杯樣摩光作塑懸入陽城礶內鐵杯渾身貼以金箔五層厚礶內裝砂口上加此杯盞打大火三日夜鐵盞上面時加水擦內結成杯在於塑上取下每用好明雄

三蠶研入碟杯内充熱酒服二杯一次收杯再用妙不盡述

却老七精散方

用茯苓天之精二兩　地黄花地之精

桑寄生木之精各二兩　菊花月之精一兩三分

竹實日之精　地膚子星之精

車前子雷之精各一兩三分

右七種上應日月星辰欲合藥者以四時王相日先齋戒九日别於靜室内焚香修合搗羅爲細散每服

三方寸匕以井花水調下面向陽服之須陽日一服陰日二服滿四十九日即能固精延年却除百病聰明耳目甚驗地黃花須四月采竹實似小麥生藍田竹林中

解百毒方

古杭高濂

解中蠱并中百物毒方

醫書中惟此方最少揭以備用

解中雲貴廣西諸處蠱毒藥方

造毒之家每以正月元日二月二日三月三日計月爲之毒有五種皆畏土茯苓根三兩分三處每煎一服空心以吐爲止不吐再服

解中百蠱驗方

用白雞白鴨刺出熱血不拘多少乘熱服之即解白鴿熱血治中毒吐血者良小麥麵用二合作二服冷水調下半日即解甘草濃煎服吐出穢痰即愈欲死者即効大麥芽煎湯服之亦効胡荽根搗汁和酒服可解蝟皮燒炭用二錢研末治中毒吐血者

解中砒礵毒方

鬱金爲末二錢入蜜少許調服升麻濃煎汁冷服杏仁連皮搗碎爲末以米湯好醋調服一吐即解醬汁濃調水服一盞即解寒水石菉豆末藍根生搗和水調地泥漿水調鉛粉服一碗即解

解中巴豆毒

食中巴豆作瀉傷人者濃煎黄連汁服

解中地蓋靈芝菌毒

防風為片煎湯候冷服之即効　白蘞頭煎湯灌之　地漿泥水飲三四盞効

橄欖搗為泥服多効

解中百毒

砂仁末　生韭菜搗汁　靛青三味調服　石菖蒲末　白礬末二味等分新汲水調服　淡豆豉　葱　麥門冬三味搗服　雄黄明者酒調服一錢

生麻油吃一二盞吐出惡水効

解中一時感冒天地毒氣入腹腫脹作痛

犀角為末一錢　升麻一錢　射香三分共為末水調服

解中山巒瘴氣毒

犀角　羚羊角鎊為末各一錢　雄黃一錢　射香三分水調服

解中飛絲毒

紫蘇葉嚼之立效

解中百藥毒

橫紋甘草作片細嚼又吃有效　蠶子紙出過蠶的故紙燒灰研服一錢冷水下中毒面青腹脹吐血者服之立活　薺苨取根調靛青汁同服效　白扁豆　大豆　小豆單用一味水調服一吐即好　白礬末一兩水調灌耳及鼻中灌後口內出黑血不要驚怕具

解服藥餌過多生出毒病

黑豆　菉豆各半升煎濃湯冲之豆嚼吃完

或用葛粉　鉛粉　靛青　地泥漿水　豉汁

乾薑　飴糖　黃連看病寒熱服過何藥多了以前藥之冷熱只一味以解之

解服瘋癱病藥過多

米醋半盞灌入口中效　甘草煎汁和　生姜自然汁二味調服

螺青細研山泉水調服

解生漆侵人作瘡毒

花椒葉生用煎湯洗　雞子黃調塗效　白菘菜搗汁搓解

解中酒毒

大黑豆一二升煎汁服　生螺搗汁服　華澄茄搗末　葛花三種俱能解酒毒

解飲食百毒

苦參搗汁飲之吐出食物即解

解中禽鳥魚鼈等毒

五倍子白礬等分水調服　後五種俱可解　馬鞭搗汁服

大黃一錢煎湯服　生蘆根搗汁服

解中蛇蟲毒

生藕擣汁服　乾蒜蒲擣汁服　紫蘇濃煎湯服

解中食斑鳩過多毒

生匾豆為末溫湯調服　葛粉水調服　生田螺肉擣汁服

一　解中鳥獸中箭藥死者毒

用大豆煮汁入鹽少許服之效

解中狗肉毒

杏仁三兩連皮研溫湯調服吐出為妙

解中牛肉毒

猪牙燒灰水調服

解中驢馬肉毒

生蘆根擣汁服再用根煎湯洗浴効

解中雞子毒

米醋飲三四口即解

解中食鴨毒

糯米淘泔水温熱服一二盞効

解中六畜毒

壁泥水調服　白扁豆燒炭　黄栢末共研水調服

解中食花椒毒

即時氣閉欲絶以冷水一碗即解

解中果菜毒

甘草莧毋鉛粉等分水調服童便一二服盞亦解

解中野芋毒

土漿水解

瓜毒

瓜皮煎湯鹽少許服

柑子毒

柑皮煎湯入鹽少許服

解中諸物毒

用白礬一錢細茶一錢井水調服以吐出爲妙

褚氏遺書

齊陽褚澄

受形

男女之合二情交暢陰血先至陽精後衝血開裹精精入爲骨而男形成矣陽精先入陰血後參精開裹血血入居本而女形成矣陽氣聚面故男子面重溺死者必伏陰氣聚背故女子背重溺死者必仰走獸溺死者伏仰皆然陰陽均至非男非女之身精血散分駢胎品胎之兆父少母老產女必羸母壯父衰生

男必弱古之良工首察乎此補羸女先養血壯脾補弱男則壯脾節色羸女宜及時而嫁弱男宜待壯而婚此疾外所務之本不可不察也

本氣

天地之氣周于一年人身之氣周于一日人身陽氣以子中自左足而上循左股左手指左肩左腦橫過右腦右肩右臂手指脇足則又子中矣陰氣以午中自右手心通右臂右肩橫過左肩左臂左脇左足外腎右足右脇則又午中矣陽氣所歷充滿周流陰氣

上不遺腦下遺指趾二氣之行晝夜不息中外必循
一爲痰積壅塞則痰疾生焉痰疾証醫候統紀浩繁詳
其本源痰積虛耳或痰聚上或積留中過氣之流艱
于流轉則上氣逆上下氣鬱下臟府失常形骸受害
暨乎氣本虛弱運轉艱遲或有不周血亦偏滯風濕
寒暑乘間襲之所生痰疾與痰積同凡人之生熱而
汗產而易二便順利則氣之通也陽虛不能運陰氣
無陰氣以淸其陽則陽獨治而爲熱陰虛不能運陽
氣無陽氣以和其陰則陰獨治而爲厥脾以養氣肺

以通氣腎以泄氣心以役氣凡臟有五肺獨不與在時爲春在常爲仁不養不通不泄不役而氣常生心虛則氣入而爲蕩肺虛則氣入而爲喘肝虛則氣入而目昏腎虛則氣入而腰疼四虛氣入脾獨不與受食不化氣將日微安能有餘以入其虛嗚呼慈謂氣之名理與

平脉

脉分兩手手分三部隔寸尺者命之曰關去肘度入曰尺門前一寸爲寸之左手之寸極上右手之尺極下

男子陽順自下生上故極下之地右手之尺爲受命之根本如天地未分元氣渾沌也旣受命矣萬物從土而出惟脾爲先故尺上之關爲脾脾土生金故關上之寸爲肺肺金生水故自右手之寸越左手之尺爲腎腎水生木故左手尺上之關爲肝肝木生火故關上之寸爲心女子陰逆自上生下故極上之地左手之寸爲受命之根本旣受命矣萬物從土而出惟脾爲先故左手寸下之關爲脾脾土生金故關下之尺爲肺肺金生水故左手之尺越右手之寸爲腎腎

水生木故右手寸下之關爲肝肝木生火故關下之尺爲心男子右手尺脈常弱初生微眇之氣也女子尺脈常强心火之位也非男非女之身感以婦人則男脈應胗動以男子則女脈順指不察乎此難與言腎同化五穀故胃爲脾府而脈從脾同氣通泄故大腸爲肺府而脈從肺同主精血故旁光爲腎府而脈從腎同感交合故小腸爲心府而脈從心同以脈爲竅故膽爲肝府而脈從肝澄生當後世傳其言而已兩初決其祕發悟後人者非至神乎體修長者脈疏

形係儒者脉壓肥人如沉而正沉者愈沉瘦人如浮而正浮者愈浮未燭斯理曷愈衆疾表裏参名呼吸定至抑皆末也世俗並傳兹得畧云爾

津潤

天地定位而水位乎中天地通氣而水氣蒸達上潤膏滋雲興雨降而百物生化人肖天地亦有水焉在上爲痰伏皮爲血在下爲精從毛竅出爲汗從腹膓出爲瀉從瘡口出爲水痰盡死精竭死汗枯死瀉極死水從瘡口出不止乾即死至于血克目則視明克

耳則聽聽克四肢則舉動强克肌膚則身色白漬則黑去則黄外熱則赤内熱則上蒸喉或下蒸大腸為小竅喉有竅則咳血殺人腸有竅則便血殺人便血猶可止咳血不易醫喉不停物毫髮必咳血滲入喉愈滲愈咳愈咳愈滲飲溲溺則百不一死服寒凉則百不一生血雖陰類運之者其和陽乎

分體

耳目口鼻陰尻竅也臂股指趾肢也雙乳外腎關也齒髮爪甲餘也枝指旁趾附也養耳力者常飽養目

力者常瞋養臂指者常屈伸養股趾者常步履夏臟宜凉冬臟宜温背陰肢末雖夏宜温胸包心火雖冬難熱熱作腫而瘀塞血不行而肢廢餘有消長無疾痛附有疾痛無生死關有生死疾痛無消長有消長疾痛生死者疵瘤而已

精血

飲食五味養髓骨肉血肌膚毛髮男子爲陽陽中必有陰陰之中數八故一八而陽精升二八而陽精溢女子爲陰陰中必有陽陽之中數七故一七而陰血

升二七而陰血溢陽精陰血皆飲食五穀之實秀也方其升也智慮開明齒牙更始髮黃者黑筋弱者强暨其溢也凡充身肢體手足耳目之餘雖針芥之瀝無有不下凡子肖形父母者以其精血嘗于父母之身無所不歷也是以父一肢廢則子一肢不肖其父母一目虧則子一目不肖其母然雌鳥牝獸無天癸而成胎者何也鳥獸精血往來尾閭也精未通而御女以通其精則五體有不滿之處異日有難狀之疾陰已痿而思色以降其精則精不出內敗小便道澁

而爲淋精已耗而復竭之則大小便道牽疼愈疼則愈欲大小便愈便則愈疼女人天癸既至踰十年無男子合則不調未踰十年思男子合亦不調不調則舊血不出新血誤行或漬而入骨或變而之腫或雖合而難子合男子多則瀝枯虛人產乳衆則血枯殺人觀其精血思過半矣

除疾

除疾之道極其候証詢其嗜好察致疾之由來觀時人之所患則窮其病之始終矣窮其病矣外病療內

上病救下辨病藏之虛實通病藏之母子相其老壯酌其淺深以制其劑而十全上功至焉制劑獨味爲上二味次之多品爲下酸通骨甘解毒苦去熱鹹導下辛發滯當驗之藥未驗切戒急投大勢旣去餘勢不宜再藥修而肥者飲劑豐羸而弱者受藥減用藥如用兵用醫如用將善用兵者徒有車之功善用藥者薑有桂之效知其才智以軍付之用將之道也知其方使以生付之用醫之道也世無難治之疾有不善治之醫藥無難代之品有不善代之人民中絕命

斷可識矣

審微

疾有誤凉而得冷證有似是而實非差之毫釐損其壽命浮栗經二氣篇曰諸瀉皆爲熱諸冷皆爲節熱則先凉藏冷則先温血腹疾篇曰乾痛有時當爲蟲産餘剩痛皆變腫傷寒篇曰傷風時疫濕暑宿痰作瘧作疹俱類傷寒時人多瘧宜防爲瘧時人多疹宜防作疹春瘟夏疫内證先出中濕中暑試之苓术投之發散劑吐汗下俱至此證號宿痰失導必肢廢躄

乎病有微而殺人勢有重而易治精微區別天下之良工哉

辨書

尹彦成問曰五運六氣是邪非邪曰大撓作甲子隸首作數志歲月日時遠近耳故以當年爲甲子歲冬至爲甲子月朔爲甲子日夜半爲甲子時使歲月日時積一十百千萬亦有條而不紊也配以五行位以五方皆人所爲也歲月日時甲子乙丑次第而及天地五行寒暑風雨倉卒而變人嬰所氣疾作于身氣

難預期故疾難預定氣非人爲故疾難人測推驗多舛拯救易誤俞扁弗議淳華未稽吾未見其是也曰素問之書成於黄岐運氣之宗起于素問將古聖哲妄耶曰尼父删經三墳猶廢扁鵲盧出盧醫遂多尚有黄岐之醫籍乎後書之託名於聖喆也曰然則諸書不足信耶曰由漢而上有説無方由漢而下有方無説説不乖理方不違義雖出後學亦是良師固知君子之言不求貧朽然於武成之策亦取二三曰居今之世爲古之工亦有道乎曰師友良醫因言而識

變觀省舊典假筌以求魚博涉知病多診識脉屢用達藥則何愧于古人

問子

建平王妃姬等皆麗而無子擇良家未笄女入御又無子問曰求男有道乎澄對之曰合男女必當其年男雖十六而精通必三十而娶女雖十四而天癸至必二十而嫁皆欲陰陽氣完實而後交合則交而孕孕而育育而爲子堅壯强壽今未笄之女天癸始至已近男色陰氣早泄未完而傷未實而動是以交而

不孕孕而不育育而子脆不壽此王之所以無子也然婦人有所產皆女者有所產皆男者大王誠能訪求多男婦人謀置官府有男之道也王曰善未再朞生六男夫老陽遇少陰老陰遇少陽亦有子之道也

醫先

海鹽王文祿

沂陽生曰養德養生二而無全學也矧天地大德曰生今以養德屬儒曰正道養生屬仙曰異端誤矣身亡而德安在哉故孔子慎疾曰父母惟疾之憂教人存仁致中和孟子曰養氣持志集義勿忘勿助是故立教以醫世酌人情而制方周末文靡則僞故存仁戰國氣暴則鷙故集義存仁完心也志定而氣從集義順心也氣生而志固致中和也勿忘勿助也疾安由

作故曰養德養生一也無二術也

沂陽生曰養生貴養氣養氣貴養心養心貴寡欲寡欲以保元氣則形强而神不罷若形壞則神不存神離則形不固形譬燈缸盛油神譬燈油燃火搖翻燈缸則燈油瀉灸乾燈油則燈缸裂必形與神俱即鬼鬼足榮衛調夫榮血也衛氣也氣以衛血血以榮氣

岐伯曰根于中者命曰神機神去則機息根于外者命曰氣立氣止則化絶沂陽生曰神氣之旨妙哉在心悟之而已

黃帝曰地爲之下否乎岐伯曰地爲人之下太虛之中者也曰馮乎曰大氣舉之也沂陽生曰勝邵子天地自相依附之說夫地即血天即氣天包地氣載血今人骨肉臟腑皆血也魄也神靈運用皆氣也魂也人死乃魂去魄存氣散血尚聚也是以貴養氣世降氣轉耗也朱丹溪乃曰氣有餘血不足藥專補血大氣有餘邪氣也正氣何嘗有餘岐伯曰人以胃氣爲主甚矣貴養氣也

補血用四物補氣用四君子夫四君子溫藥補氣正

以生血四物涼藥未能補血先傷胃氣張仲景用人參生新血陽生陰長也夫參色黃白性冲和名補氣味甘温内紅潤若生血仲景得神農嘗藥之心者乎

沂陽生曰醫家論氣血二字即儒家論知行二字氣血知行皆統于心一也用藥講學不得不許分言之豈可二之若氷炭也

沂陽生曰蔘者參也名人蔘參三才也諸藥以人蔘爲主猶人以穀氣爲主故御隹殺者必先飯則湔膩不濡下而爲洞洩諸藥非蔘爲運行但視病虚實爲

多寡耳

醫者意也度時致病者意起之立方醫之若天時聖教不同也羅太無見元世爽風奢靡豐于滋味濕熱痰火致病常多故授朱丹溪以清金降火之法乃辟和濟局方温補之非矯之過也夫局方熱藥固不可丹溪專用涼藥亦不可況今元氣日耗也用丹溪法治者多壞脾胃蓄痰生脾濕熱生脾虛必用東垣補脾法爲上是以醫貴審氣運察人情及致病之原

丹溪曰温補者非温藥補之也温猶温存之温沂陽

生曰非温藥不補予嘗服蔘芪苓朮等藥則精神倍常服四物湯則否或作瀉蓋芍藥性寒能伐生發之氣當歸滑洩而潤大腸川芎走陽分而氣散地黄亦性寒且滯泥而生痰服之若飲涼水多傷脾胃夫脾喜燥惡濕喜煖惡寒試飲熱酒啜熱粥而津津然色澤冲和四支舒暢飲冷物則否故曰形寒飲冷則傷肺此之謂也

沂陽生曰一切病皆生于心心神安泰病從何生不觀農夫冒暑耘耨無暑病相習忘之也凡心動即火

起外邪斯入矣是以貴忘外

褚澄曰咳血飲溲溺則百不一死服寒涼藥則百不一生沂陽生曰血雖陰類運之者其和陽乎褚氏聖醫也故表出之以爲醫者法

參元朱子曰病字從丙丙火也百病皆生于火沂陽生曰病字內丙固火外二點從水內火盛而外水微且相間隔則病水火既濟則無病仙家火候火降則水升水火一也偏之則二二則爭

墊庋

海鹽王文祿

愼終第一

親之終也人子痛極䰟迷卒然臨變欲愼不能後拖終天之悔無及也矧終者人之大限也愼終者人子之大事也是以合棺至成墳不可不詳也予罹二艱癢心力爲之猶多後悔今尚未平况復不加意欲無悔得乎甚矣愼終宜豫也

合棺第二

油杉爲上柏次之油杉今沙坊版出馬湖建昌桃花洞楊宣慰旋螺丁子香花紫實上也但假者多耳莫若川柏紫經杉可也棺蔪容身不宜大蘇匠製若經匣樣底葢不用鐵丁用柏或蘇木作錠笋底葢𦁛墻合處每邊鑿二孔笋作錠樣分三片先鍾左右二片入孔分開中一片釘下錠凹處到劄住矣且免鐵銹壞版釘擊震尸錠笋法聞之西泉錢子懋仁名蓁仁孝士也以故能慎終

歛法第三

古有大小斂之法今皆廢之吳南溪云斂能固尸不特禦行路動搖而已昔聞魏莊渠遷葬啓棺見親骸宛然斂之力也予先慈淑毋氏秋九月大斂先康毅君夏六月小斂尚慽不忍褁首未盡也爲人子者曷可不知大小斂之法哉

入棺第四

鋪棺底今用竈間柴灰柴灰帶火性且鹹濕甚不可也或用石灰和陳壁土或用炭細末和石灰或用燈心草或用山黄紙家禮用糯穀殼燒灰今云斑糠但

一時不易得也予思之石灰炭細末及寺觀中燒過紙灰三和之厚鋪棺底再覆白紙紅絹梓木版寸餘厚與棺底一樣壓之方入褥席與尸四傍布帛與紙塞實不使有空隙可也木枕褁布庶首不仰垂二親因俗用紙枕今尚憾也惟外毋先妣得用木枕云

擇地第五

古云五害不侵高山忌石巉巖平原忌水衝射土脉膏潤草木暢榮來龍迢遞結穴端正水環沙護即吉地也近泥天星卦例方向不顧龍穴沙水多斜側反

背爲之主家徼福不悟也且親存享爽塏華居歿葬形勝吉地親體安子心安矣若專徼福則唐宋豈乏吉地邪何變更也當不違天甚擇術地豈

開壙第六

葬者藏也深葬爲安不宜及泉耳今捲蓬發券壙古壙法非葬法也予葬二親于待葑原摭土深三尺三寸下有黄脉成山尖形自亥轉巳横當壙心若非深葬曷見也金井長一丈二尺濶一丈五尺四寸糯米粥調純石灰築底一尺厚四圍墻一尺二寸厚中墻

隔二槨亦一尺厚火磚一尺長四寸半濶三寸厚重六斤一面印學圃王公慈淑陸氏槨磚一面印嘉靖巳亥孝子王文祿監製惟印字也窰戶鍊泥細熟且堅而不裂糯粥調純石灰一横二縱層叠砌成墻厚一尺爲二槨底鋪條磚一層並方磚一層地面磚一層槨内復加六斤磚一層連灰縫一尺厚堅築以備歲久樹根蛇獾壞損苦心極矣百世之下誰予憐邪

擇灰第七

灰乃青石燒成内有不着火未過石筋亦有侵白土

及白石末須用水碗中試之乃見惟灰眞正則發而

堅不可不愼

燒磚第八

石埆生水必用火磚則乾燥色青聲響乃燒透者若

黃色無聲不堅也必與高價則泥細而熟燒且透而

磚必堅人子爲親止此而已豈可吝乎

和灰第九

灰隔法三分石灰一分黃土一分湖沙曰三和土亍

偶閱一書曰石灰火化糯粥水煑合築之水火既濟

久久復還原性結成完石今日黄土山間爛黄石末也若黄土損其石力不能成石云予築二親塋用糯米粥純石灰唐一庵曰湖州山中有窵樟樹取皮葉杵爛水浸取汁甚粘勝糯粥也陳坊師鳳曰古法得土而粘得砂而實予曰用沙不爆裂耳非特禦斧鑿也凡塋以三和土爲得中制

築法第十

和灰須乾濕均停搏之成塊撒之成灰若太濕與粘杵難築太乾則爆散不堅凡鋪二寸餘厚築之一分

漸漸築起人力須齊不可停歇歇則結皮不相連矣不能一日完必鋤動面皮刷汁加築徑徑有聲錐釘不入爲妙

取汁第十一

糯米舂白煮粥方稠粘鍋中投石灰冬不冰人且不食若窩樺樹價尤輕擣皮葉水浸之汁自出其汁一絲墮地盡瀉出也汁灑于地其樹即生令人憚于路遙而不用予至今惜之用作灰隔不可不求此樹云

入壙第十二

先用乾石灰鋪壙底後用二布懸棺而下頭北足南首丘而向明也男左女右從昭穆也棺外四圍空隙俱用糯粥調純石灰輕輕築實之毋使震動棺中棺蓋上亦然與磚壙平乃覆石蓋朱紫暘所謂實葬永無客水之侵後雖地震亦不動也壽壙須用細土塡實宅時臨用取去之蓋石泥縫免使客水得入

石蓋第十三

紫色石堅二塊合縫易于蓋于二槻蓋石上築純灰一尺二寸又加三和土尺餘四圍純灰隔外套下二

尺餘又壓大黃石數十塊三和土揬之碎黃石數十
担覆砌之大石取其重後人難動細碎石取其無用
且壞犂鋤嗚呼愈覺予心之苦也

成墳第十四

墳者土之墳起者也惟山爲宜且五害不侵然吳下
多平原焉得人皆山葬須積客土成山高大則氣暖
且不易侵掘若種松柏成林不免樵薪之用江右封
而不樹恐奪生氣也予則曰樹盛蔽陰土濕而天光
不照今宜少種樹而多培土古云難保百年墳悲夫

人各有親君子當憐而存之且律例嚴發掘之禁此

聖王仁及枯骨而安孝子永世之心

任匠第十五

嗜利者衆匠鮮得人得人矣尤宜卑禮厚償無不盡

心也予海寧衛陳捞師鳳矢心忠信好善憐予築二

親塋日夜盡心予亦敬之不忽每見爲人築塋亦不

苟然須人子盡誠以感之故曰取人以身

雜辨第十六

金玉殉葬古何愚也今則否發齋帛列石器盛行喪

今何傢也墎則荷畧且作便房藏明器筲甖簍簏又何愚也今猶然夫妻雙墎穿牆孔曰孝順洞通魂往來何愚也皆損墎夫墎嶄容棺空隙須糯粥調石灰築實爲妙曷尚虛文哉

魂帛辭祖有同兒戲且不忍見也玄纁之贈又何說也不亦戲甚乎予葬二親悉皆不用

葬時以二杠横墎口移棺安杠上用二布作活套索懸棺齊力起杠放下甚穩也卷蓬墎頂隧道進棺此古殯法墓門容水易入墎頂久必坍毀矣戒之

徽術士言壙底不砌磚不築灰隔恐絕生氣也吁可怪哉生氣無堅不透豈礙壙底棺着土易朽必生蛆食亡人腦且土侵膚人子之心安乎壙底須築灰隔一尺厚磚砌一尺厚可也

地理陰陽正源兆屬布衣撰謬甚也有流注布氣法壙底四方空砌磚溝中砌金斗吉方又砌曲溝引入斗中皆實以炭上蓋方磚開竅流注生氣布向尸棺以致壙內空虛引入外水害甚也鄙夫且用于陽宅可為一笑

居家必備　六

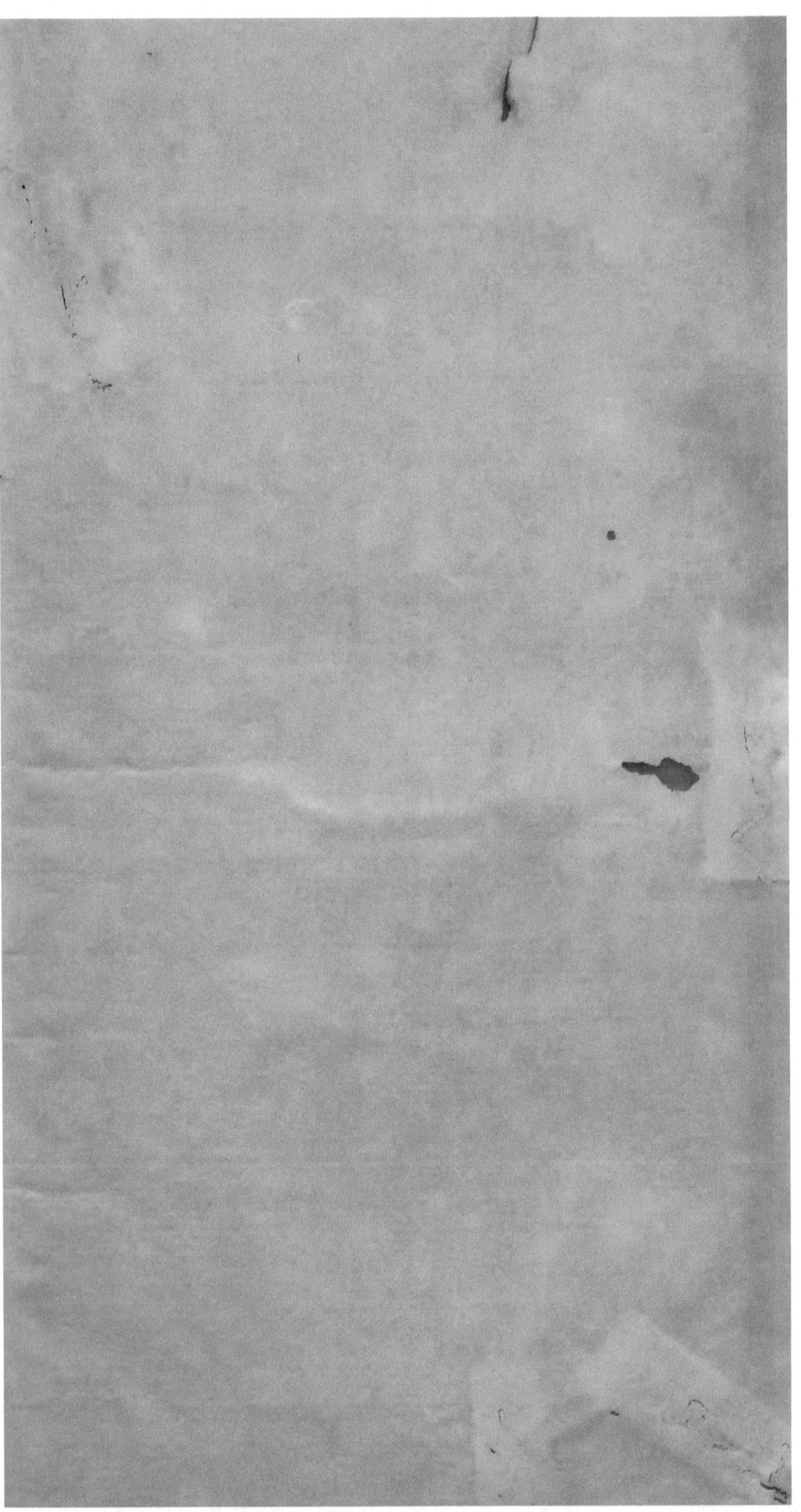

曆家必備卷六

趨避

宅經

相宅訣

太乙經

選擇曆説

三才避忌

四時宜忌

神咒集靈

百怪斷經

相地骨經

宅經

黃帝授

二十四路者隨宅大小中院分四面作二十四路十干十二支乾艮坤巽共爲二十四路是也乾將三男震坎艮悉屬於陽位坤將三女巽離兌悉屬陰之位是以陽不獨王以陰爲得（陽宅爲宜修陰方）陰不獨王以陽爲得（如上説）亦如冬以溫暖爲德夏以涼冷爲德男以女爲德女以男爲德之義易訣云陰得陽如暑得涼五姓咸和百事俱昌所以德位高壯藹密即吉重陰

重陽則凶陽宅更招東方北方陰宅更招西方南方為重也是東南為辰南西南為戌北之位斜分一條為陰陽之界凡之陽宅即有陽氣抱陰陰宅即有陰氣抱陽陰陽之宅者即龍也陽宅龍頭在亥尾在巳陰宅龍頭在巳尾在亥各有命坐切忌犯也凡從巽向乾從午向子從坤向艮從酉向卯從戌向辰移巳上移轉及上官所住不計遠近悉入陽也從乾向巽從子向午從艮向坤從卯向酉從辰向戌移巳上移轉及上官悉名入陰故福德之方勤依天道天德月德生氣到其位即修令清潔闊厚即一家獲安榮華富貴再入陰入陽是

名無氣三度重入陰陽謂之無魂四入謂之無魂魄
魄既無卽家破逃散子孫絕後也若一陰陽往來卽
合天道自然吉昌之象也設要重往卽須逐道往四
十五日七十五日往之無咎仍宜生氣福德之方始
吉更犯五鬼絕命刑禍者尤不利訣云行不得度不
却復故斯之謂也又云其宅乃窮急灘故宮宜折刑
禍方舍却益福德方也又云灘宅平墻可爲銷殃夫
辨宅者皆取移來方位不以街北街東爲陽街南街
西爲陰凡移來不勒遠近一里百里千里十步與百

步同又此二宅修造唯看天道天德月德生氣到即修之不避將軍太歲豹尾黃幡黑方及音姓宜忌順陰陽二氣爲正此諸神殺及五姓六十甲子皆從二氣而生列在方隅直一年公事故不爲災又云刑禍之方缺復荒福德之方連接長吉也又云刑禍之方縮復縮猶恐災殃枉相逐福德之方拓復拓子子孫孫受榮樂又云宅有五虛令人貧耗五實令人富貴宅大人少一虛宅門大內小二虛牆院不完三虛井竈不處四虛宅地多屋少庭院廣五虛宅小人多一

實宅大門小二實墻院完全三實宅小六畜多四實宅水溝東南流五實又云宅乃漸昌勿棄宮堂不衰莫移故爲受殃舍居就廣未必有歡計口半造必得壽考又云其田雖良薅鋤乃芳其宅雖善修移乃昌宅統之宅墓以象榮華之源得利者所作遂心失利者妄生反心墓凶宅吉子孫官祿墓吉宅凶子孫衣食不足墓宅俱吉子孫榮華墓宅俱凶子孫移鄉絶種先靈譴責地禍常併七世亡魂悲憂受苦子孫不立零落他鄉流轉如蓬客死河岸青烏子云其宅得

墓二神漸護子孫祿位乃固得地得墓龍驤虎步物業滋川財集倉庫子孫忠孝天神祐助子夏云墓有四訣商角二姓丙壬乙辛宮羽徵三姓甲庚丁癸得地得宮刺史王公朱衣紫綬世貴名雄得地失宮有始無終先人受苦子孫當凶失地得宮子孫不窮雖無基業衣食過充失地失宮絕嗣無蹤行求衣食客死蒿蓬子夏云人因宅而立宅因人得存人宅相扶感通天地故不可獨信命也

凡脩宅次第法

先修刑禍後修福德卽吉先修福德後修刑禍卽凶
陰宅從巳起功順轉陽宅從亥起功順轉刑禍方用
一百工福德方用二百工壓之卽吉陽宅多修於外
陰宅多修於內或者取子午分陰陽之界模將甚也
此是二氣潛通運迴之數不同八卦九宮分形列象
配男女之位也其有長才深智懸物變生徹曉斯門
其利莫測且大犯卽家破逃散小犯則失爵亡官其
餘雜犯火光口舌跛蹇偏枯衰殃疾病等萬般皆有
豈得輕之哉犯處遠而慢卽半年一年二年三年始

發犯處近而緊即七十五日四十五日或不出月即
發若見此圖者自然悟會不聞愚智禍德自修災殃
不犯官榮進達財食豐盈六畜獲安又歸天壽金玉
之獻未是爲珍利濟之徒莫大於此可以家藏一本
用誡子孫祕而寶之可名宅鏡又宅書云拆故營新
更卜相伏移南徙北陰陽交分是和陰陽者氣也逐
人得變吉凶者化也隨事能興故天地運轉無窮人
爲鬼神變化可準搜神記云精靈鬼魅皆化爲人或
有人自相感變爲妖怪亦如異性之木接續而生根

苗蘩殊異味相雜形礙之物尚隨變通陰陽虛無豈爲常定是知宅非宅氣出移來以變之又云宅以形勢爲身體以泉水爲血脉以土地爲皮肉以艸木爲毛髮以舍屋爲衣服以門戶爲冠帶若得如斯是事儼雅乃爲上吉三元經云地善卽苗茂宅吉卽人榮又云人之福者喻如美貌之人宅之吉者如醜陋之子得好衣裳神彩尤添一半若命薄宅惡卽如醜人更又衣弊如何堪也故人之居宅大須愼擇又云修來路卽無不吉犯抵路未嘗安假如近從東來入此

宅住後更修拓西方名抵路却修拓東方名來路餘方移轉及上官往來不計遠近准此爲例凡人婚嫁買莊田六畜致塋域上官求利等悉宜向宅福德方往來久久吉慶若爲刑禍方往來久久不利又忌龜頭廳在午地向北衝堂名曰囚亭有稍高竪屋亦不利訣云龜頭午必易主亦云妨主諸院有之亦不吉凡宅午巳東巽巳來有高樓大樹皆不利宜去之吉又云凡欲修造動治須避四王神亦名帝車帝輅帝舍假如春三月東方爲青帝木王寅爲車卯爲輅辰

為舍即是正月二月三月不得東戶經曰犯帝車殺父犯帝輅殺母犯帝舍殺子孫夏及秋冬三箇月做此為忌又云每年有十二月每月有生氣死氣之位但修月生氣之位者福來集月生氣與天道月德合其吉路犯月死氣之位為有凶災

正月生氣在子癸死氣在午丁二月生氣在丑艮死氣在未坤三月生氣在寅甲死氣在申庚四月生氣在卯乙死氣在酉辛五月生氣在辰巽死氣在戌乾六月生氣在巳丙死氣在亥壬七月生氣在午丁死

氣在子癸八月生氣在未坤死氣在丑艮九月生氣在申庚死氣在寅甲十月生氣在酉辛死氣在卯乙十一月生氣在戌乾死氣在辰巽十二月生氣在亥壬死氣在巳丙

凡修築垣墻建造宅宇土氣所衝之方人家即有災殃宜依法禳之

正月土氣衝丁未方二月坤三月壬亥四月辛戌五月乾六月寅甲七月癸丑八月艮九月丙巳十月辰乙十一月巽十二月申庚

己生無不精詳但細看之徵大參

天門首陽宜平穩實不宜絕高壯犯之損家長大病
頭項等災五月丁壬日修吉北方不用壬子丁巳日亥爲朱雀龍頭災命
座犯者害命坐人三月丁壬日修壬爲大禍母命犯之害命
坐人有飛災口舌修巳亥同子爲死喪龍右手長子婦命
座犯之害命坐人失魂傷目水災口舌修巳壬同癸爲罰
獄勾陳次子婦命座犯之害命坐人口舌鬬訟七月下壬
日修三月亦通宮羽姓不宜三月七月即吉日丑爲縣獄少子婦命座犯之
鬼魅盜賊火光恠異等災修巳癸同鬼門宅墓氣缺溝空
蒸吉犯之偏枯淋腫等災八月甲巳日修吉東方不用甲子巳巳日寅爲

天㵎龍背玄武廢養子婦長女命座犯之傷胎縶獄
被盜亡敗等災六月甲巳日修角姓甲 六月凶十一月吉爲宅形次女
孫男等命座犯之害命坐人家長病頭項諸傷折等
災修與 寅同卯龍右脇刑獄少女孫命座犯之害命坐人
火光氣滿刑傷失魂修與 寅同乙滕蛇訟獄客座命犯之
害命坐人妖怪死喪口舌十月巳日 修吉唯宜辰爲白虎龍右
是主訟獄奴婢六畜命座犯之驚傷跛蹇筋急等災
亦主驚恐修與 乙同風門宜平鈌亦各福首背向榮二宅
五姓八宅並不宜高壯壅塞亦名陽極陰十一月丙 辛日修吉

南方不用丙子至辛巳日巳天福宅屋亦名宅極經曰欲得職治宅極宜壯實修改吉（九月丙辛修）丙明堂宅福安門牛倉等舍經云治明堂加官益祿大吉祥合家快活不可當（修巳巳同）午吉昌之地龍左足經云治吉昌奴婢成行六畜良宜平實忌高及龜頭廳（修與巳同）丁天倉經曰財耗亡治天倉宜倉庫六畜壯厚高拓吉（酉月丙辛日修）未天府高樓大舍牛羊奴婢居之大孳息倉廁利（修與下同）人門龍腸宜置牛馬廄其位欲開拓雍厚亦名福囊重高兼實大吉（二月乙庚日修）申玉堂置牛馬屋主寶貝金玉

之事壯實開拓吉經曰治玉堂財錢橫來六畜肥盛
庚宅德安門宜置車屋雞栖碓磑吉宜開拓連接壯
閼淨潔吉脩與申同酉大德龍左脇客舍吉經曰治大德
富貴資財成萬億亦名宅德宜宅主修與申同辛金匱天
井宜置門及高樓大屋經曰治金匱大富貴宜財百
事吉四月乙庚日修大吉地府青龍左手主三元宜子孫恒令
清潔吉經曰青龍壯高富貴雄豪外巽之位宜作園
池竹篳設有舍屋宜平而薄外天德及玉堂之位宜
開拓優俗令壯實大吉經曰福德之方拓復拓子子

孫孫受榮樂唯不得高樓重舍外天倉與天府之位不厭高壯樓舍安門倉庫牛舍及奴婢車屋並大吉外龍復之位與內院並同安牛馬牢廠亦名福囊宜廣厚實吉外坤宜置馬廄吉安重滯之物及高樓等並大吉外玉堂之院宜作崇堂及郎君孫幼等院吉客廳即有公客來若高壯侵拓及有大樹重屋等招金玉寶帛主印綬喜外大德宅位宜開拓動修泥令漸淨吉及作音樂飲會之事吉宜子孫婦女等院出貴人增財富貴德望遐振外金匱青龍兩位宜作庫

藏倉窖吉為樓大合宜財帛文宜子孫出豪貴婿連
帝戚常令清淨連接藂林花木蒚密

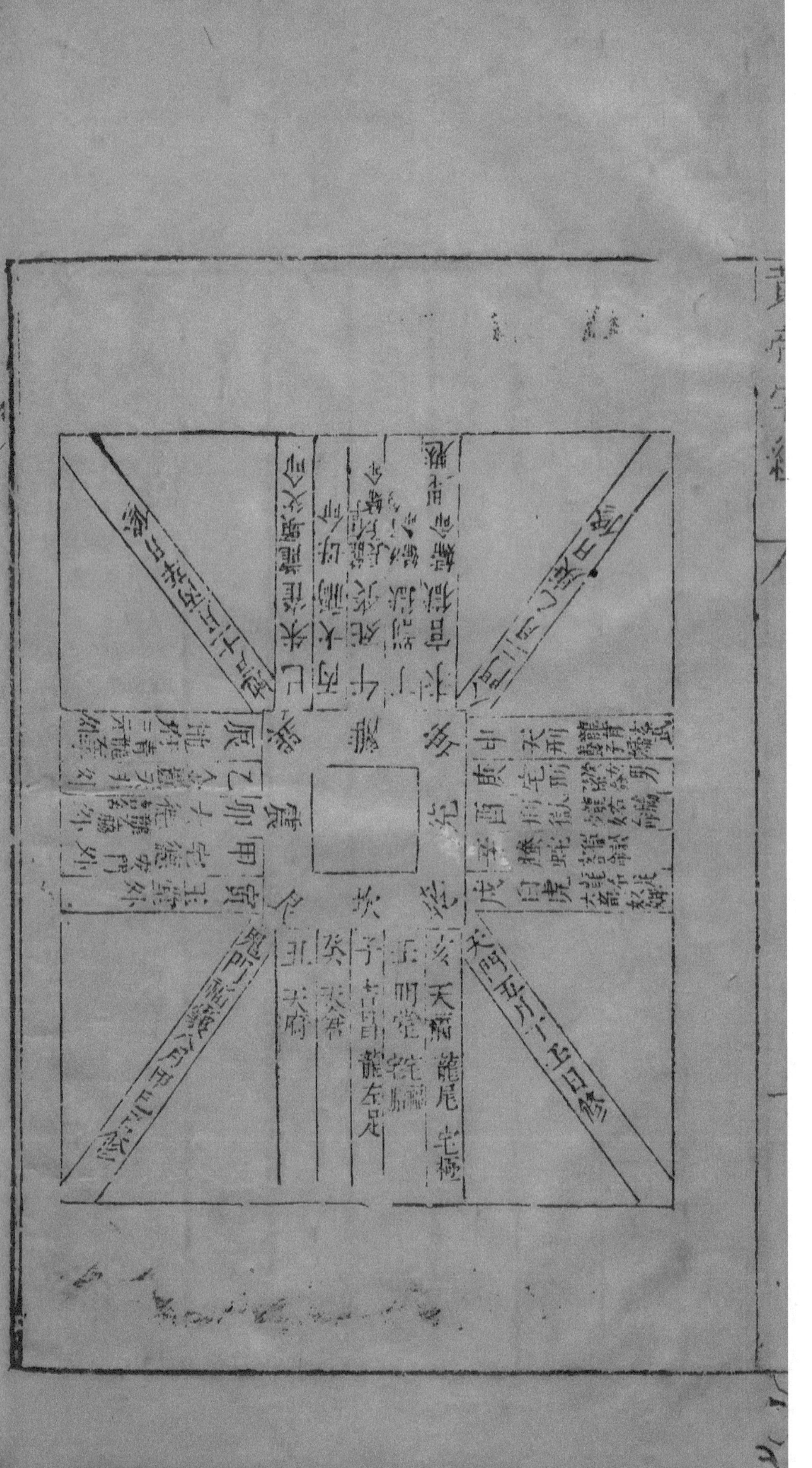

乾天門陰極陽首亦名背枯向榮其位合屋宜主遠高壯闊實吉五月丁壬日修吉北方不用壬子丁巳日亥爲天福龍尾宜置豬欄亦名宅極經云欲得職治宅極宜開拓吉亥東三月丁壬日修吉宮羽姓郎七月吉壬宅福明堂宜置高樓大倉常令清淨及集學經史亦名印綬宮宜財祿修與亥同子吉昌龍左足宜置牛屋經曰奴婢成行六畜良平實吉修與亥同癸天倉立門戶客舍窰廁吉經云財耗亡治天倉安六畜開拓高厚七月丁壬修日吉丑天府高樓大舍牛羊奴婢居之大孳息倉廁並吉修與癸同艮鬼門龍腹德

囊宜厚實重吉缺薄即貧窮八月甲巳日修日寅而東方不用甲子日
堂宜置車牛舍主寶貝金玉之事宜開拓經曰治玉
堂錢財横至六畜肥強大吉六月甲巳日修吉甲宅德安門
宜置碓磑開拓連接壯觀吉清淨災殃自消修巳卯寅同
大德龍勝客舍經曰治大德富貴資財成萬億亦名
宅主主有德望修與寅同乙金匱天井宜置高樓大舍常
令清淨勤修泥光增喜慶卯巳南十月修辰地府青龍左手
三元宜子孫當宜清淨經曰青龍壯高富貴雄豪修巳
乙同巽風宜平穩不宜壅塞亦名陽極陰前背榮向枯

宜空缺通跡大吉十一月丙辛日修吉南方不用丙子吉巳朱雀龍頭

父命座不宜置井犯害命坐人口舌飛禍吐血顛狂

虵畜作怪巳酉九月丙辛日修吉丙大禍母命不宜置門犯之

害命坐人飛禍口舌修與巳同午爲死喪長子婦命座犯

之害命坐人失魂傷目心痛火光口舌龍右手筋急

修與巳同丁罰獄勾陳次子婦命犯之坐人口舌鬬訟瘡

病等災午日酉用正月丙辛日修吉未爲縣獄少子婦命座犯之

害命坐人鬼魅火發霹靂盜賊刀兵流血六畜傷死

家破逃散修與丁同坤人門女命座不宜置馬廐犯之禍

枯淋腫等此地宜荒缺低薄吉二月乙庚日修申天刑龍背
麻子婦長女命座犯之失魂病脇刑傷牢獄氣滿火
惟申北十二月乙庚修至酉吉庚宅刑次女長孫命座不宜置門
犯之害命坐人病右脇口舌傷殘損墜修與申同酉刑獄
龍右脇少女孫命座犯者害命坐人失魂刑獄氣滿
火惟修與辛同辛爲螣蛇訟獄吝命犯之害命坐人口舌
妖惟死喪災起酉北辛戌四月乙庚日修戌白虎獄訟龍右足奴
婢六畜命座犯之足跽跛蹇偏枯筋急修與辛同外乾院
與同院修造開拓令壯實高厚陵大樹並吉宜家長

延壽子孫榮祿不絕光映門族乾地廣闊外亥天福
與宅極之鄉宜置大舍位次重疊深遠濃厚吉與宅
福明堂相連接壯實子孫聰明昌盛科名印綬大富
貴外天倉宜高樓重舍倉廪庫藏奴婢六畜等舍大
孳息宜財帛五穀其位高潔開拓吉外天府宜闊壯
子孫婦女居之大吉亦名富貴饒溢之地遷職喜萬
般悉有矣絕上外龍腹福之位宜維實如山吉遠近
連接大樹長岡不厭開拓吉若低缺無屋舍即貧薄
不安外玉堂宜子婦即富貴榮華子孫興達其位雄

莊即官職昇騰位至臺省寶帛金玉不少若陷缺荒殘即受貧薄流移他地外宅德宜作學習道藝功巧立成亦得名聞千里四方來慕亦爲師統子孫居之有信懷才抱義壯勇無雙外天德金匱青龍此三神並宜濃厚實大舍高樓或有客廳卿相遊宴過往一家富貴豪盛須賴三神尤宜開拓若冷薄荒缺敗陷即貧窮也外青龍不厭清潔焚香設座延迎賓朋高道奇人自然而至安井及水瀆甚吉

相宅要說

古杭高濂

黄帝宅經曰：陽宅即有陽氣抱陰，陰宅即有陰氣抱陽。陰陽之宅者，即龍也。陽宅龍頭在亥，尾在巳；陰宅龍頭在巳，尾在亥。其狀在龍者，陽龍赤，陰龍青，各有命坐，切忌犯也。凡從巽向乾，從午向子，從坤向艮，從酉向卯，從戌向辰，移轉爲陽。巳上移轉及上宮所住，不許遠近，悉入陽也。從乾向巽，從子向午，從艮向坤，從卯向酉，從辰向戌，移轉爲陰。巳上移轉，悉名入陰。故福德之方，動依天道天德月德生氣到其位，即修令清潔潤厚即一家獲安榮華富貴天之福德者宅之財命也財命既壯何愁不榮故須勤修再入陰入陽是名無氣三度重入陰陽謂之無魂四入謂之無魄魂魄既無即家破逃散子孫絕滅也逆犯不止即絕門滅嗣此之謂也若一陰陽往來即合天道自然吉昌之象也

又云其宅乃窮急斷故宮宜拆形禍方舍郄益福德方也翻宅平墻可以銷殃宅之行年不利或口舌疾病等事即宜翻刑禍之方添益福德或移墻壁即獲消禍滅致大吉昌也

又云刑禍之方缺復荒福德之方連接長吉也刑禍之方

墻宜薄屋宜低荒蕪無事福德方及牆屋宜連接高朗壯實也刑禍之方縮復縮猶恐災殃徃相逐福德之方拓復拓子孫受榮樂刑禍之方戒侵拓也不得太縮縮即氣不足不足則損財祿不吉福德之方宜戒侵拓亦不得太過太過即成福會至微不消厚福所臨也凡事足太過所侵拓之數過于本宅名曰太過又云宅中埃上吉利地不得被損與污穢西北天門緊要方勿安糞土與牛厮又云宅有五虛令人貧耗四實令人富昌宅大人少一虛門大內窄有二虛墻院不完整三虛井竈不一處四虛宅地多屋少庭院廣闊五虛宅少人多一實宅大門小二實牆院過

完三實宅地相停四實宅水溝東南流五實又云勿以接木爲柱及自死樹爲柱皆不祥

又云宅乃漸昌勿棄宅堂不得因富就改造也不衰莫移是爲受殃舍居就廣未必有歡計口半造必得壽考言宅不宜廣也

每年逐月有生氣死氣之位修生氣者福德來集言月生炁與天道月德合其吉路也犯死氣之方者立見禍殃

逐月生死二炁所主方位

月	生炁	死炁
正月	生炁在子癸	死炁在午丁
二月	生炁在丑艮	死炁在未坤
三月	生炁在寅甲	死炁在申庚
四月	生炁在卯乙	死炁在酉辛
五月	生炁在辰巽	死炁在戌乾
六月	生炁在巳丙	死炁在亥壬
七月	生炁在午丁	死炁在子癸
八月	生炁在未坤	死炁在丑艮
九月	生炁在申庚	死炁在寅甲
十月	生炁在酉辛	死炁在卯乙
十一月	生炁在戌乾	死炁在辰巽
十二月	生炁在亥壬	死炁在巳丙

逐月土炁所冲方位

宅經曰凡修築垣墻建造宅舍土炁所冲之方人家即有災殃宜依法禳之吉

正月壬亥冲丁未方二月冲坤三月冲壬亥四月冲
辛戌五月冲乾六月冲寅甲七月冲癸丑八月冲艮
九月冲丙巳十月冲辰乙十一月冲巽十二月冲甲
庚已上當細看之犯必有災

天道吉方此訣人多不知故表出于此

子午年坤艮　寅申年乙辛　丑未年甲庚
卯酉年乾巽　辰戌年丙壬　巳亥年丁癸

人道吉方

子午年乾巽　丑未年丙壬　寅申年丁癸

卯酉年 坤艮　辰戌年 申庚　巳亥年 乙辛

利道吉方

子午卯酉年 乙卯　寅申丑未年 丙壬

辰戌巳亥年 甲庚

月天道方

正七月 乙辛　二八月 乾巽　三九月 丙壬

四十月 丁癸　五十一月 坤艮　六十二月 甲庚

月人道方

正七月 丁癸　二八月 坤艮　三九月 丙壬

四十月丁癸　五十一月坤艮　六十二月甲庚

月生氣方

正月子　二月丑　三月寅　四月卯

五月辰　六月巳　七月午　八月未

九月申　十月酉　十一月戌　十二月亥

起居生旺吉凶

保生要錄曰人之家室土厚水深居之不疾故人居處隨其方所皆欲土厚水深土欲堅潤而黃水欲甘美而清常坐之處極令四面周密勿令少有細隙致

風得入壁間風峻人不易知其傷人最重初時不覺久能中人夫風者天地之氣也能生成萬物亦能損人有正有邪故耳初入腠理漸至肌膚內傳經脉達於臟腑傳變旣深爲患不小故云避風如避箭盛暑所居兩頭通屋衝堂夾道風回涼爽其爲害尤甚養生者當更慎之

家居種樹宜忌

地理心書曰人家居止種樹惟栽竹四畔青翠鬱然不惟生旺自無俗氣東種桃柳西種柘榆南種梅棗

北種柰杏爲吉又云宅東不宜種杏宅南北不宜種李宅西不宜種柳中門種槐三世昌盛屋後種榆百鬼退藏庭前勿種桐妨礙主人翁屋内不可多種芭蕉久而招祟堂前宜種石榴多嗣大吉中庭不宜種樹取陰栽花作闌惹淫招損陰陽忌云庭心樹木名閑困長植庭心主禍殃大樹近軒多致疾門庭雙棗喜加祥門前青草多愁怨門外垂楊更有妨宅内種桑并種槿種桃終是不安康

起居工匠魘鎮解法

臞仙曰凡梓人造房瓦人覆瓦石人甃砌五墨繪皆有魘鎮咒詛其建造之初必先祭吉方隅土木等神其祭文曰茲者建造屋宇其木泥石繪畫之人所有魘鎮咒詛不出百日乃使自受其殃預先盟於群靈則災禍無干於我使彼自受而我家宅寧矣造船者亦如此例梓人最忌倒用木植必取生氣根下而梢上其魘者倒用之使人家不能長進作事顛倒解法以斧頭擊其木曰倒好倒好住此宅內世世溫飽

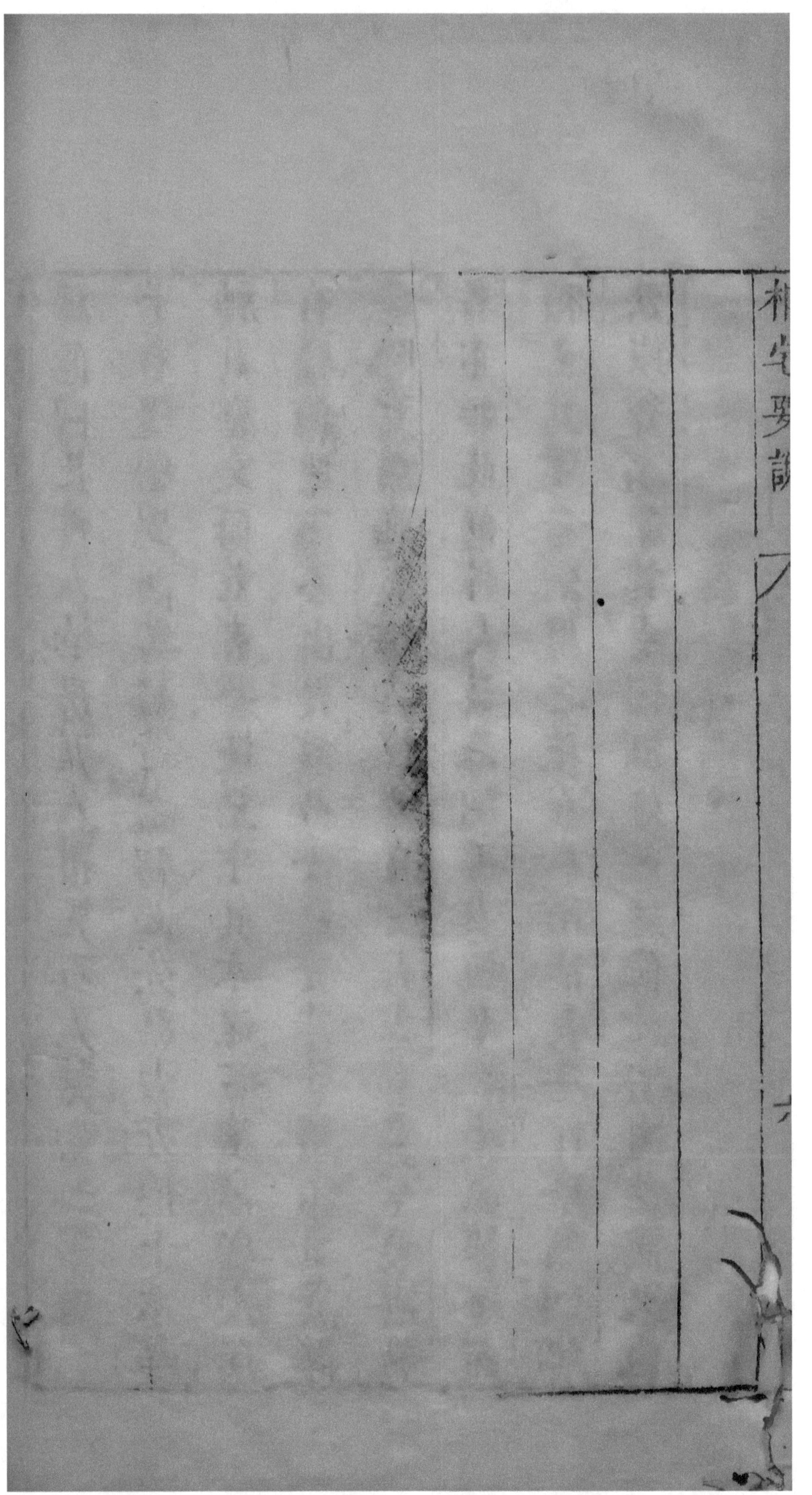

太乙經

玄女授

天一所在甲戌庚旦大吉夕小吉乙巳晝神后夜傳送丙丁旦登明暮從魁六辛晝勝光夜功曹壬癸晝太一夜太衝占與人期會天罡臨日辰者會在日辰前爲巳過在日辰後爲未至又神在門會行人來主人近行在外巳至主人遠行在內未至罡加孟神在內加仲在門加季在外天罡大吉加午未者與人必來非此者凶時上見王相必來相剋無氣不來

求物天罡加孟不得臨仲得半加季盡得占行人行人至時甲乙行丙丁至不至還以甲乙日至他倣此

諸欲娶婦嫁女必記初許嫁之日以爲本其娶婦時愼無令魁其許嫁日辰也魁日害舅魁辰害姑婦與舅是夫之父母也盡魁日辰爲不利一家

假令甲子日許嫁庚辛日納財皆爲魁日戊巳納之爲魁辰也

假令辛未日納皆爲魁日辰戊申巳酉日亦然也又欲令日辰陰陽中及用傳中有天后無縢蛇白獸相

魁吉謂內婦時如此者即吉又無令夫家之門傷婦年即婦有咎

假令二月乙未日巳時天罡加巳婦年立辰從魁加之夫家門在子地太一加之夫家門在丑勝光加之此並爲夫家門傷婦年也謂夫家門上火神魁妻家門上金神也若夫門立酉功曹加酉婦在東方卯來氐西酉入功曹即婦有咎他倣此又無令婦年上神傷夫家之門即夫家有咎也

假令婦年立辰從魁加之夫門在酉功曹臨之夫門

在戌太衝臨之此爲婦年上神傷夫家之門即夫家有咎門者所出之辰凡娶婦爲入頭嫁女爲出頭從方入圓爲入頭從方出圓爲出頭也又不欲所出入之神傷日辰爲女固有敗傷又不欲令傷月爲害翁謂神將共傷日也

假令二月庚子日魁罡加丑丑之時也太一臨庚上其將得朱雀此爲神將并傷日傷日害舅若月并傷神將爲害矣

假令二月癸丑日巳時勝光加癸將得螣蛇此爲日

并傷神將害夫又辰中有微氣往助之者爲夫死

假令二月甲戌日辰畤而傳送加甲甲木也傳送金也金傷木又戌中之金復往助之者爲夫死傷辰爲婦謂神將共傷辰也

假令二月庚申日魁加丑丑將也太一臨申將得朱雀此爲神將并傷辰也

假令二月壬子日魁加辰勝光臨子爲用將得騰蛇此爲日辰并傷神將也但辰傷婦謂辰傷其陽神神將者又曰内有微氣往助之者爲婦死也

假令二月丁巳日魁加卯神后加巳巳火也神后水也水傷火又丁巳復往助之爲婦死以其上將爲所坐形狀

假令二月甲戌日魁加辰傳送爲青龍而加甲爲夫婦死死坐送行酒食故也

在昔玄女著述卷帙繁論兵法如黄帝問如孤虚法論六壬如遁甲訣如青囊歌論地理如相冢經如青囊訣五臟論諸目畧具夾漈志中今所授經亦占家緒餘也漢儒因辟諸死是以五行爲主

選擇曆說

古杭高濂

高子曰：家居選擇似不可緩，然而日者成書頗煩，無俟余爲撮槩。惟奇門、演禽二書最爲卜筮緊要，每有異驗，余深知之，情乎浩瀚，無容舉畧。今之黄曆、臺曆內有二事，人不多識，特揭以明之。

黄曆每月下有某日日躔娵訾之次，宜用甲丙庚壬時，此爲四大吉時也，百凡用之多吉。但十二時中曾無甲時、丙時，其說云何？娵訾者，正月亥將也，爲之月將其十二將俱逆行自亥始正月雖過一二十日其將未交惟看曆上正月下某日日傳娵訾之次方作正月論已先之日但作十二月將算交月之後每日用時甲取寅卯二時之中各半用之是吉時也丙取巳午之中庚取申酉壬取亥子是也又如二月戌將降婁當用艮巽坤乾四時艮取丑寅二時之中各半巽取辰巳坤取未申乾取戌亥是也三月酉將大梁過傳當用癸乙丁辛四時癸取子丑乙取卯辰丁取午未辛取酉戌是也四月申將實沈將換而用時又

以甲丙庚壬三項實輪無變法也五月未將鶉首六月午將鶉火七月巳將鶉尾八月辰將壽星九月卯將大火十月寅將析木十一月丑將星紀十二月子將玄枵每月惟以黄曆月建下考之須記雖過二月還用正月月將選擇是最緊要

又如京師臺曆每日下有義字專字代字制字寶字其五字何也此爲奇門選日訣也假如甲子日子水生甲木下生上也爲義乙丑日乙木克丑土上克下也爲制戊辰日上下無犯爲專庚午日午火克庚金

下克上也爲伐丁丑日丁火生丑土上生下也爲寶故用日當以五字消息用之大率寶義爲上吉專爲平制伐爲凶也特述以備參考

三才避忌

古杭高濂

天時諸忌

聖人曰勿怨天又曰君子敬天之威則省其過咎而改之故吾人起居不知三才避忌必犯災害何以能安樂哉故人當勿指天爲証勿怒視日月星辰行住坐卧莫裸體以褻三光勿對三光濡溺勿月下歡淫勿唾流星勿久視雲漢大風大雨大雷大雪大露不可出行當靜坐敬畏勿嗔怨風雨勿指虹霓重霧三

日必大雨未雨不可出行雷鳴勿仰臥遠出觸寒而歸勿面向火勿就吃熱食衣濕汗即脫勿開口嚼冷大寒大暑勿可出入伏熱者勿驟飲水衝寒者勿驟飲湯勿瀆寒而寢日出則出日入則入朝出莫饑暮息莫飽朔不可泣晦不可歌此天時避忌之要畧也

地道諸忌

坤主厚載萬物生成人賴以生敢不寅畏以褻地靈

勿以刀杖怒擲地勿輕掘地深三尺即有土氣傷人

勿裸臥地上入深山當持明鏡以行使精魅不敢近

入山念儀方二字以却蛇念儀康二字以却虎念林兵二字以却百邪入山至山脚先退數十步方上山山精無犯入山將後衣裾捐三指挾於腰蛇虫不敢近渡江河朱書禹字佩之吉寫土字於手心下船無恐怖深山流出冷水不可飲水有沙虫處不可浴有水弩虫處不可渡虫射人影即死先以物擊水虫散方可渡行熱勿以河水洗面皴湖水有小影是魚秧勿食井水沸起者勿食屋漏勿悮食塚井中有毒勿食凡濁水要急飲入杏仁泥少攪十數次即可飲夏

月米勿多食雖貪一時之快久則成疾此地忌之大略也

人事諸忌

人爲萬物之靈有生之所當重者也豈可不以生我者爲急乃以賊我者爲務也遵生者當知所重五臟喜香潔惡腥羶食必擇可勿搔首披髮覆面肝惡風心惡熱肺惡寒脾惡濕腎惡滲髮不可懊入鮮食甲寅日割指甲甲午日割脚指甲此爲三尸遊處故以斬除之不可向北晒犯魁罡晒遠損氣晒多損神汗

出毛孔勿令扇風恐爲風中凡汗之所出本於五臟
飲食飽熱汗出於胃飽甚胃滿故汗出於胃也驚悸
奪精汗出於心驚奪心精神氣浮越陽内薄之故汗
出於心也持重遠行汗出於腎骨勞氣越腎復過疲
故持重遠行汗出於腎也疾走恐懼汗出於肝暴役
於筋肝氣疲極故疾步恐懼汗出於肝也摇動勞苦
汗出於脾動作用力穀精四布脾化水穀故汗出於
脾也故勞傷汗出成病勿令汗入飲食食後以絲撚
入鼻引嚏數次令人氣通明目化痰勿强忍大小便

勿努力大小便夜間宜閉服出溺行走勿語行遠乘馬勿回顧傷神凡行遠常存魁罡在頭上夜行宜數叩齒鬼神畏齒聲也夜行及寘臥心中懼者當存日月光入我明堂中百邪自散勿久行傷肝勿久立傷骨勿久坐傷肉勿跂床懸脚勿踑 坐大樹下不可坐濕陰氣傷人坐臥莫當風冷石不可坐成瘡日晒熱石不可坐生瘡雞鳴時叩齒三十六遍舌舐上齶待神水滿口漱而嚥之口誦四海神名三遍止鬼辟邪令人無疾東海神阿明南海祝良西海巨乘北海

曷強早起食生薑以辟穢氣下床先左脚吉嗽齒勿用椶刷敗齒夜半勿哭泣勿對北詈罵勿卒驚呼勿恚怒令神魂不安勿大樂使氣飛揚勿多笑傷臟多喜令人亡錯昏亂食勿語寢勿言勿多念内志恍惚勿多思則神怠勿思慮傷心勿久臥傷氣勿頭向北春夏向東秋冬向西夜臥防床頭有隙進風夜眠勿以脚懸高處勿臥開戶以泄真氣勿以手壓心口令人夢魘勿尸臥勿以筆畫人面爲戲使魂不認尸多致死者勿露臥聽醒覺熱勿飲水又聽凡夢勿語人

勿燃燭照寢令人神魂不安人臥忽不醒勿急以燈照之殺人就黑暗處以指甲掐其人中或口咬大胟指甲處而唾其面勿當風沐浴勿沐髮未乾即寢勿冷水洗沐饑勿浴飽忌沐洗頭不可用冷水成頭風勿沐浴同日沐者洗頭浴者澡身也有眼疾不可浴午後勿洗頭汗出勿洗沐浴無常不吉當考之月令沐浴日吉旦起勿開眼洗面盛熱勿以水洗面勿以大熱湯漱口凡有脚汗勿入水洗凡夏至後丙丁日冬至後庚辛日不宜交合大月十七日小月十六日

此名毀敗日不宜交合大喜大怒男女熱病未好陰陽等疾未愈并新産月經未淨俱不可交合勿醉飽入房勿每月二十八日交合人神在陰帳幕内忌燃燭行房凡本命甲子庚申不可入房雷電風雨不可交合此爲人事之忌大略耳人能謹而戒之必獲安樂無諸疾苦再加調和飲食餐服藥餌百年之壽人皆可至幸毋忽之

三才避忌終

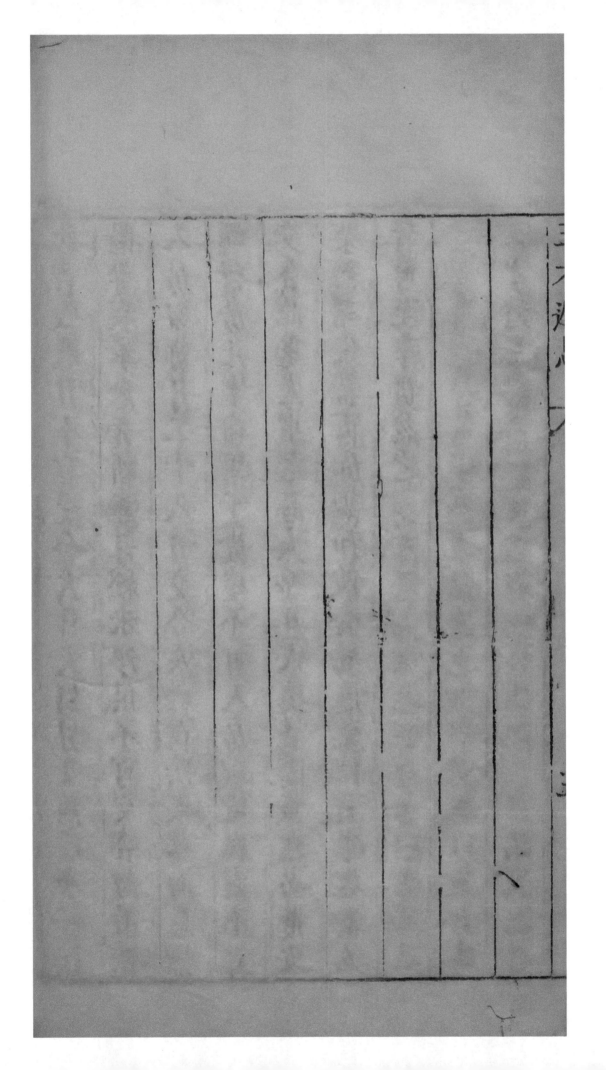

四時宜忌

錢唐瞿祐

正月事宜

周天玉衡六間曰大寒後十五日斗指艮爲立春立始建也春氣始至故爲之立也後又十五日斗指寅爲雨水雨水中氣也言雪散爲水矣律太簇簇者湊也言萬物奏地而出隨陽而生也晉樂志曰正月建寅寅者津也謂生物之津途也玉燭寶典以正月爲端月曰孟陽曰献歲歲朝一日爲雞二日爲犬三日

為豕四日為羊五日為牛六日為馬七日為人八日為穀是日日色晴明溫煖則本事蕃息安泰若值風雨陰寒熱象慘烈則疾病衰滅以各日驗之若人值否思預防以攝生

靈寶曰是月天道南行作事出行俱向南吉是月一日修續命齋勿殺生初七日是三會日宜修延神齋吉

元日五更以紅棗祭五瘟畢合家食之吉

山海經曰畫桃符以厭鬼

荆楚歲時記曰元日服桃仁湯爲五行之精可以伏百邪

月令圖經曰元日日未出時朱書百病符懸戶上符在五月中

荆楚記元日掛鷄於門庭百神畏之

墨子秘要曰元日取鵲巢燒灰着于廁以避兵撒門裏以避盜

四時纂要曰是月四日寅日宜拔白甲子日拔白三十三日服井花水令鬚髮不白

肘後方曰正月上寅日取女青草末三合絳囊盛掛帳中能辟瘟疫（女青卽雀瓢也）

玉燭寶典曰元日作膏粥以化門戶

瑣碎錄打春牛將拾牛身土泥撒簷下不生蜒蚰

荊楚記曰正月末日以蘆苣火照井中厠中百鬼皆走

正月元旦迎祀灶神釘桃符上書一聻字掛鍾馗以辟一年之祟家長率長幼拜天地萬神詣本境土地五穀之神以祈一年之福或誦經咒完畢方禮拜新

年寅時飲屠蘇酒

屠蘇酒方

大黃一錢 桔梗 川椒各一錢五分 桂心一錢八分

烏頭六分炮 白朮一錢分分 茱萸一錢二分 防風一兩

以絳囊盛之懸井中至元日寅時取起以酒煎四五沸飲二三杯自幼小飲起

洛陽人家正月元日造絲雞蠟燕粉荔枝十五日造火蛾兒食玉粱糕

長安風俗元日以後遞以酒食相邀為之傳坐

立春後庚子日宜溫蔓菁汁合家並服不拘多少可
除瘟疫
元日五更時點火把照果木樹則無蟲生以斧敲打
各樹身則結實
居家必用曰是月將三年桃樹身上尖刀畫破樹皮
直長五七條比他樹結子更多
是月上辰日塞鼠穴可絕鼠
五行書曰元日用麻子七粒赤豆七粒擲井中辟瘟
疫

歲時雜記曰元日燒蒼术

崔寔月令曰元日進椒酒是玉衡星之精服之令人身輕

家塾事親曰元日取小便洗滌熱大効

珠囊隱訣曰元日煎五香湯沐浴令人至老鬚黑註曰乃青木香也因其一株五根一莖五花一枝五葉一莖五節故云

元日四更時取葫蘆藤煎湯浴小兒終身不出痘瘡其藤須在八九月收藏

其月宜加綿襪以煖足則無病

元日天倉開日宜學道坐圜戊辰日宜煉丹藥可長生

又云五香湯用蘭香荊芥頭苓苓香白檀諸香㕮咀煮湯沐浴辟除不祥

雲笈七籤曰以立春日清晨煮白芷桃皮青木香三湯沐浴吉

千金月令曰是月宜食粥有三方一曰地黃粥以補虛取地黃擣汁候粥半熟以下汁復用綿包花椒五

丁椒生薑一片同煮粥熟去綿包再下熟羊腎一具
碎切成條如韭葉大少加鹽食之二曰防風粥以去
四肢風取防風一大分煎湯煮粥取紫蘇炒微黃香
煎取汁作粥

雲笈七籤曰正月十日沐浴令人齒堅贇日燒白髮
吉

述見曰是月每早梳頭一二百梳甚益

玄樞經曰春冰未泮衣欲上薄下厚養陽收陰長生
之術也太薄則傷寒

道藏經曰欲滅尸蟲春正上甲乙日視歲星所在焚香朝朝禮拜誠心祝曰臣願東方明星君扶我魂接我魄使我壽命綿長如松栢願臣身中三尸九蟲盡消滅頻頻行之吉

四時纂要曰初七日爲上會日可設齋醮大吉

壽親錄云歲感遜俗元日以紅絹囊內衆人參苣大戟木香一二匣時服日高方熏號避年瘟

正月事忌

正月日時不宜用寅[illegible][illegible][illegible]百事不利

是月初七日二十一日不可交易裁衣

是月初婚忌空床招不祥不得已者以薰籠置床以厭之

楊師方曰元日勿食梨以避離字之義勿食鯽魚頭中有虱

千金方曰是月食虎豹貍肉令人傷神損壽

又曰不得食生葱蓼子令人面上起遊風勿食蟄藏不時之物

本草是月勿食鼠殘傷物令人生瘻

錄曰是月節五辛以避厲蒸五辛蒜葱韮薤薑是

也勿食狸豹等肉

攝生論曰八日宜沐浴其不宜遠行

楊公忌曰十三日不宜問疾

正月元日天臘日十五日爲上元二日戒夫婦入房

二月事宜

孝經緯曰雨水後十五日斗指甲爲驚蟄蟄者蟄虫

震起而出也後十五日斗指卯爲春分分者半也當

九十日之半也故爲之分夏冬不言分者天地間二

熱而已矣陽生子極於午即其中分也春爲陽中律
夾鍾言萬物孚甲鍾類而出也晉樂志曰二月建卯
卯者茂也言陽生而滋茂也要纂曰二月爲仲陽曰
令月
玄樞經曰天道西南行作事出行宜向西南吉不宜
用卯日犯月建不吉
是月取道中土泥門戶辟官符上壬日取土泥屋四
角宜蠶事
呂公忌曰是月令幼小兒女早起避社神免至小兒

面黄

是月採升麻治頭疼熱風諸毒採獨活治賊風百節痛風無久新俱治

四時纂要曰是月初八日十四日二十八日拔白鬚髮良

千金方曰是月宜食韮大益人心

纂要曰是月丁亥日收桃花陰乾爲末戊子和井花水服方寸七日三服療婦人無子兼美容顏

千金月令曰驚蟄日取石灰糁門限外可絶虫蟻不

過

呂公月令忌曰社日令男女輟業一日否則令人不聰

千金月令曰二月二日取枸杞煎湯晚浴令人光澤不病不老

雲笈七籤曰社日飲酒一杯能治聾疾杜詩爲寄治聾酒一杯

月令曰春分後宜服神明散其方用蒼朮桔梗各二兩附子一兩烏頭二兩炮細辛一兩擣篩爲散紅絹

囊盛之一人背帶一家無病

二月巳後當多服祛痰之藥

是月二十五天倉開日宜坐圜入山修道

雲笈七籤曰二月八日沐浴令人輕健初六日滌亦同

玄樞經曰是月上卯日洗髮愈疾

玄樞經曰是月初八日乃佛生日也周建子以子月爲歲首是月十一月爲正月也莊王九年四月初八日釋迦生以子至卯月是今二月也二月八日爲佛

壬辰無疑今不知者不考處言造文增以四月屬誕規何其謬歟

靈寶曰是月八日宜修芳春齋　十五日修太上覺生齋

洛陽記寒食日粧萬花輿煮餳花粥

二月事忌

千金月令曰二月三日不可晝眠

白雲忌曰二月九日不可食魚鱉仙家大忌

雲笈七籤曰二月十四日忌水陸遠行

又曰是月勿食黃花菜交陳葅發痼疾動宿熱勿食大蒜令人熱壅關膈不通

又曰多食鷄子滯熱勿食小蒜傷人志勿食兎肉狐貉肉令人神魂不安

養生論曰是月行途勿飲陰地流泉令人發瘧瘴又令脚軟

是月勿食生冷可衣夾衣

是月雷發聲戒夫婦容止

是月初四十六日不宜交易裁衣

玄樞經曰毋竭川澤毋焚山林勿任刑勿殺傷

楊公忌十一日不宜問疾

三月事宜

孝經緯曰春分後十五日斗指乙爲清明萬物至此皆潔齊而清明矣後十五日斗指辰爲穀雨言雨生百穀物生清淨明潔也律姑洗姑者故也洗者鮮也言萬物去故而從新莫不鮮明之謂也樂志曰三月建辰辰者震也言物動長也纂要曰三月爲蠶月爲末春

玄樞經曰是月天道北行作事出行宜向北方吉

千金月令曰三月採艾爲人以掛戶上備一歲之灸材

四時纂要曰是月三月取桃花片收之至七月七日取烏鷄血和塗面及身光白如玉

是月二日收桃葉晒乾擣末井花水服一錢治心病効

瑣碎錄曰三月三日薺菜花鋪竈上及坐臥處可辟虫蟻

又曰是日取苦楝花無花即葉於臥席下可辟蚤虱
驗

又云清明日日未出時採薺菜花候乾作燈杖可辟
蚊蛾

瑣碎錄曰清明日三更以稻草縛花樹上不生刺毛
虫

是月初三日或戊辰日收薺菜花桐花芥菜藏毛羽
衣服內不蛀

歲時記曰上巳日取黍麵和菜作羹以壓時熱

濟世仁術曰三月三日鷄鳴時以隔宿炊冷湯洗浣瓶口及鍋竈飯籮一應厨物則無百蟲遊走經行爲害

山居四要曰淸明前二日收螺螄浸水至淸明日以螺水洒墻壁等處可絕蜒蚰

濟世仁術曰三月辰日以緇袋盛麪掛當風處受暑者以水調服

法天生意曰三月三日採桃花浸酒飲之除百病益顔色

又曰清明前二日採大麥曬乾能治熱病用末
服一錢効
濟世仁術曰寒食日水浸糯米一二升逐日换水至
小滿漉起曬乾炒黄水調塗治跌打損傷及惡瘡神
效
三月上巳宜往水邊飲酒燕樂以辟不祥所謂修禊
事也
萬花谷曰初三日取枸杞根煎湯沐浴令人光澤不
老

是月二十日天倉開日宜入山修道

二十七日沐浴令人神熱清爽

千金方是月入大山背陰不見日月松脂採鍊而餌之百日耐寒暑補益五臟

靈寶經曰是月三日修盪邪齋

清明一日取榆柳作薪煮食名曰換新火以取一年之利

真誥曰是月十一日拔白十三日拔白永不生由初一初十日拔白生黑

是月取百合根曬乾搗爲麵服能益人取山藥去黑皮焙曬作麵食大補虛弱

養生仁術曰穀雨日採茶炒藏能治痰嗽及療百病熱疾

居家必用曰三月三日取鼠耳汁蜜和爲粉謂之龍舌拌以壓時氣

洛陽上巳日婦人以薺花點油祝之灑入水中若成龍鳳花卉狀者則吉謂之油花卜

西湖雜組曰三月星心見辰出火禁烟插柳謂厭此

其寒食有內傷之慮故令人作鞦韆蹴踘之戲以動盪之

是月初六初七二十七日沐浴令人神爽無厄

荆楚記曰三月三日四民踏百草時有鬭百草之戲亦被此日

藹花谷云春盡採松花和白糖或蜜作餅不惟香味清甘自有所益于人

三月事忌

季春之月不宜用卯日　凡將作事犯月建不吉

雲笈七籤曰是月勿久處濕地必招邪毒勿大汗當裸露三光下以招不祥勿發汗以養臟熱勿食莧菹令人發瘡毒熱病勿食驢馬肉勿食獐鹿肉令人神魂不安勿食韭

法天生意云勿食鷄子終身昏

又云勿食大蒜亦不可常食奪熱力損心力

月令忌曰勿食血并脾季月土旺在脾恐死炁投入故耳

百一歌曰勿食魚鱉令人飲食不化神魂恍惚發宿

疾
本草曰勿食生葵勿食羊肺三月以後有蟲如馬尾
毒能殺人
風土記是月十九日二十七日忌遠行水陸不吉初
一十六日忌裁衣交易
千金方三月辰寅日勿食魚肉
雲笈七籤曰是月五日忌見一切生血宜齋戒
孫眞人曰是月勿殺生以順天道勿食百草心黃花
菜

千金方曰勿食鳥獸五臓勿食小蒜勿飲深泉

雲笈七籤曰三月八日勿食芹菜恐病蛟龍痕面青

黄肚腹大如妊服糖水吐出愈

楊公忌初九日不宜問疾

四月事宜

老經緯曰榖雨後十五日斗指巽爲立夏物至此時

皆假大也後十五日斗指巳爲小滿小滿者言物長

于此小得盈滿也律名中吕白虎通曰中吕何言陽

熱極將彼故腹中難之也晋志曰吕者助也陰助成

陽之功也四月建巳巳者起也物至于此畢盡而起也西京雜記四合德用事和氣皆陽爲正陽之月又曰陽雖用事而陽不獨存純陽疑于無陰亦謂之曰陰月

又曰是月也盛德在火天道西行作事出行宜向西吉

是月每清晨吃葱頭酒一二杯令血氣通暢疏壅導滯

四月丁巳宜祀竈十六日天倉開宜入山修道

收書于未梅雨時開閣厨晾燥隨即閉門內放七里

香花或樟腦不生蠹魚

收畫未梅雨前逐幅抹去蒸痕日中晒晾令燥緊捲

入匣以厚紙糊匣口四圍梅過方開匣須杉木沙木

爲之內不用紙糊并油漆以辟濕氣

辟蚊方用鰻魚晒乾于室中燒之可少解其横

是月伐木不蛀

月令纂曰是月于魚池中納一神守則魚不走養經

善飛尤爲緊要神守即今之團魚也

馮氏口訣曰戎衣同花椒擺收或芫花末摻之則不蛀一用出征藍布包之亦妙鼠領氈耳包藏瓮中密封免口毛決不脫

月錄曰洗葛衣用梅葉搽碎洗之經夏不脆忌用木盆碗黑以磁器洗之

內典經曰是月食蓴菜鯽魚作羹則開胃

靈素經曰是月八日宜修夜齋

是月初二十六十八十九日忌食生果

雲笈七籤曰木瓜香若[illegible]不必服此但口呼

木瓜二字其病即瘥

月令纂曰是月初四日七日八日九日取枸杞煎湯沐浴令人不老肌膚光澤

雲笈七籤曰是月望後宜食桑椹酒治風熱之疾亦可造膏用桑椹取汁三斗白蜜四兩酥油一兩生薑汁二兩以罐先盛椹汁重湯煮汁到三升方入蜜酥薑汁再加鹽三錢又煮如膏以磁器收貯每服一小杯酒服大治百種風疾

千金月令曰四月節内宜服煖宜食羊腎粥其法先

以兎絲子一兩研煮取汁一兩濾淨和麵切煮將羊腎一具切條蔥炒作羹食之補腎療眼暗赤腫一切疾

月令曰四月十五日取浮萍一兩麻黄去根節心附子炮去臍皮各五錢擣爲末每用一兩藥末入生薑二片葱頭二箇煎至八分熱服蓋煖取汗治時行熱病

四月事忌

攝生月令曰四月爲乾生氣在卯死氣在酉不宜用

巳日時犯月建百事不吉

又曰初九二十五忌裁製交易

白雲禁忌曰是月勿食雉令人氣逆勿食鱔大能害

人

千金方曰勿令韭菜同雞肉食暴死者尤不可食作

肉疽生胸臆中勿食諸物之心勿大醉勿食蒜傷人

神

雲笈七籤曰是月八日不宜遠行宜清心齋沭必得

福慶

又曰是月忌暴怒傷心秋必爲瘧自夏至至九月忌食隔宿肉菜之物忌用宿水洗面漱口

孫眞人曰是月初五日忌見一切生血勿食生菜初八日十六日忌嗜慾犯之夭壽

五月事宜

孝經緯曰小滿後十五日斗指丙爲芒種後十五日斗指午爲夏至日芒種者言有芒之穀可播種也夏至者言萬物于此假大而極至也白虎通曰律中蕤賓蕤者下也賓者敬也言一陰始生[illegible]不貴以爲

用如賓在外而不爲内主也樂志曰辰爲午午者長
也大也言物皆長大也史子夜四時歌曰是月爲鬱
蒸爲仲暑
玄樞經曰是月天道西北行作事出行俱宜向西北
吉
荆楚記曰五日以艾縛一人形懸于門戶上以辟邪
氣以五綵絲繫于臂上辟兵厭鬼且能令人不染瘟
疾
千金月令曰是月取浮萍陰乾和雄黄些少燒煙去

[illegible]火燒棗子安床下辟狗蚤

[illegible]五月五日採艾治百病

[illegible]日五日硃砂寫茶字倒貼辟蚰蜒寫白字倒貼柱上辟蚊蟲寫儀方二字倒貼亦妙

又曰午時將燈草浸油內望太陽呪曰天上金鷄喫蚊子腦髓液念七遍吸太陽氣吹于燈草上夜點燈草照蚊俱去

呂公曰五日午時韮茅地上面東不語取蚯蚓泥藏之遇魚骨鯁喉用此少許擦喉外皮即消試之亦

効

廣惠方曰五日取晚蠶蛾裝一節竹筒内開眼處封貯待其乾死遇竹木刺傷者以些少塗之即出此異方也

雜記曰以青蒿草搗汁和石灰作餅子陰乾收起遇刀斧傷者塗之立効愈後無痕

又一方採百草頭搗汁和石灰作塊子鑿大桑樹上一孔納灰餅在内曝乾傅金瘡神效

五月五日宜合紫金錠保生錠子治小兒疾方在醫

書錄內府此日用雄黃研末少加硃砂收貯蟾酥作
杵陰乾凡遇惡毒初起以唾磨搽微痛立消
瑣碎錄曰五月取鱉爪著衣領中令人不忘
千金方曰五日日未出時取東向桃枝刻作小人形
著衣領中令人不忘
養生纂忌曰病目者以紅絹盛榴花拭目棄之謂代
其病凡紙物俱可
又云五日取萵苣菜原窠或葉置廚櫃內不生蛀蟲
置毛褐衣內亦妙

高子曰五月五日午時修合藥餌者以天罡此時正塞鬼戶斗柄訣以月月常加戌五月每日戌時天罡指午亥時指未自未輪轉五日午時正指艮宮爲鬼戶也

保生月錄曰是月十一日天開節宜入山修道

簡易方曰疫氣時行用管仲置水缸內食水不染十二月除夕同此

本草云五日取露草百種陰乾燒爲灰以井水煉成膏再用嚴醋和爲餅子腋下挾之乾即換去五遍能

治腋下臭氣

救民方中治中風牙緊不能下藥午日合氷片天南星

長生要錄曰五月五日有雨急破竹一二株內有神水瀝和獺肝為丸治心腹積聚

又云是日取葛根為末療金瘡斷血除瘧取猪牙燒灰治小兒驚癇并塗疵傷

又云取蝙蝠倒挂曬乾和官桂薰陸香燒之辟蚊除蚋

家塾事親曰巳丑卯辰日祀灶以猪首吉五月朔日不宜出錢財

夏至淘井可去瘟疫

五日取蝦蟆晒乾爐發旱男左女右臂上挂帶勿令知之立愈

禮儀志曰夏至浚井能改水朱索縛榔杷桃結印爲門戶飾可止惡氣

十三日竹醉日可移竹易活

五月五日取塚上泥并磚石一塊囲家以小瓶盛埋

門外堦下合家不患時疟

抱朴子曰五月硃書赤靈符着心前辟兵袪瘟去百

病此即治百病符也正月元日佩郎此符

符式

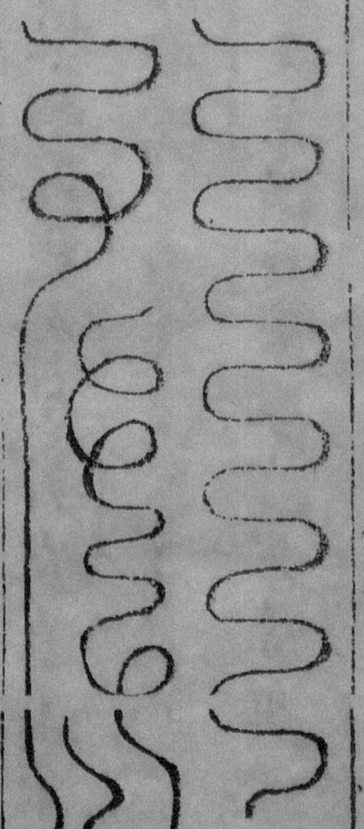

本草云五月採莧菜加馬齒莧爲末等分産婦服之

易産

雲笈七籤曰五月不可見血物

博濟方云五月午時或臘月三十日收豬心血同黄丹乳香相和爲丸鷄頭大以紅絹盛掛門上如有産婦子死腹中者令酒磨一丸即下

五月取桃仁一百箇去皮尖研細入黄丹三錢丸如桐子大治瘧發日面北用温酒或井花水吞下三丸

郎經

瑣碎錄五月清晨取白礬一塊自早曬至晚收之治百蟲螫

五日午時飲菖蒲雄黄酒辟除百疾而禁百蟲

呂公歲時記曰夏至一陰生宜服餌麥過硫黃以折
陰氣
二十日採小蒜曝乾治心煩痛解諸毒又治小兒丹
疹
夏至後宜浚井改水以去瘟病
是月十六日二十日宜拔白
洛陽記午日造朮羹艾酒以花絲樓閣插髮贈遺
辟瘟扇
文昌雜錄曰端午日走馬謂之臕樂

萬氏家抄曰五月午時採鷄冠晒乾為末齒痛者
服者擦之立愈千金月令曰五月取瓦上青苔或百
草霜入鹽嗽口効或水煮羊蹄根或醋煮川椒俱能
治齒百疾

靈寶經曰是月五日可修續命齋

五月事忌

五月用事不宜用午犯月建百事不吉

十五二十五日忌裁衣交易

經曰五月初五初六初七日十五十六十七日二十

五二十六二十七日爲之九毒戒夫婦容止勿居濕地以招邪氣勿露臥星月之下

問禮俗云五月俗稱惡月按月令仲夏陰陽交生死之分君子節嗜慾勿任聲色

異苑曰五月勿曬床薦蓆

酉陽雜記曰五月蛻精神不可上屋能令人魂魄不安

月令圖經曰此月勿食濃肥勿食煮餅可食溫煖之物

濟世方曰五月不可多食茄子損人動氣茄性屬土
耳
保生心鑑曰是月勿下枯井及深穽中多毒氣先以
雞毛探之若毛下旋舞者即是有毒不可下也多致
疾
歲時記曰勿食菘菜發皮膚瘋癢
保生月錄曰茉莉花勿置床頭引蜈蚣當忌李子不
可與雀肉同食損五臟
千金方曰小兒不可弄槿花惹病瘧槿爲瘧子花故

也

五月勿食鯉多發風

類摘良忌云江魚即黃魚也不可同蕎麥食令人失音枇杷不可同炙肉熱麵同食令人患熱發黃桃子不可與鱉同食

便民圖纂曰甜瓜沉水者殺人多食作陰下癢生瘡患脚氣食之永不愈雙蒂者殺人且此物不可與油餅同食

楊公忌曰初五日不宜問疾名曰瘟日

六月事宜

孝經緯曰夏至後十五日斗指午爲小暑後十五日斗指未爲大暑小大者就極熱之中分爲大小初後爲小望後爲大也律林鍾林者衆也萬物成熟鍾類衆多樂志曰月辰爲未未者味也萬物向成咸有味也

玄樞曰是月天道東行作事出行俱宜向東吉

其月遇土王戊日祭中霤之神

是月宜飲烏梅醬木瓜醬梅醬荳蔻湯以祛渴方俱

見前

三伏日宜服腎瀝湯治男子虛羸五勞七傷風虛耳聾目暗方

乾地黃六分 黃芪六分 茯苓六分

五味子四分 羚羊角四分 桑螵蛸三兩炙

地骨皮一兩 桂心一兩 麥門冬五分去心

磁石一錢三分打碎水洗令黑汁出盡爲度羊腎二箇猪腎亦可去脂膜切如柳葉以水四升先煮去水升半即掠去水上肥沫及腎滓取汁煎諸藥澄清去滓

分爲三服三伏日各服一料隨人加減亦可忌食犬蒜生葱冷陳滑物空心平旦服之

養生雜纂曰老人氣弱當夏之時納陰在內以陰弱之腹當肥冷之物則多成泄瀉一傷真氣卒難補復不宜燥熱補藥惟用平補溫和之劑如八味丸之類以助元氣

雲笈七籤曰六月六日沐浴齋戒絶其營俗

關西舊俗志曰六月六日取水收起淨瓮盛之一年不臭用以作醋醬醃物一年不壞

真誥曰十九日二十四日拔白永不生又云初三初四十八二十八日拔白亦可

四時纂要曰是月初一日初七初八二十一日沐浴去疾禳災

七義曰是月二十七日取枸杞根煎湯沐浴至老不病

荆楚記曰六月伏日宜作湯餅食之名爲辟惡

舊俗曰造醬用三伏黃道日浸豆黃道日拌黃不生蟲

靈寶經曰六月六日宜修清暑齋

六月事忌

月令曰六月選用日時不宜用大犯月建百事不利

初一日忌經營初十二十日忌交易裁衣

便語戒曰六月六日忌取土掘壙

四時纂要曰三伏日不可嫁娶傷夫婦不吉

雲笈七籤曰六月二十四日大忌遠行水陸俱不可往

千金方曰勿食韭令人目昏勿食羊肉傷人神氣勿

食野鴨鶩鳥，勿食雁，勿食菜莧，勿食脾，乃是季月土旺在脾故也。

雲笈七籤曰：六月勿食羊血，傷人神魂，少志健忘。勿食生葵，必成水癖。

瑣碎錄曰：暑月不可露臥，勿沐浴當風，慎賊邪之氣侵人。

又曰：其月無冰，不可以涼水浸冷作冰，飲水熱生涎者，勿飲，能殺人。

玄[illegible]經曰：是月勿斬伐草木，勿動土，勿舉大事，以搖

養氣

養生仁術曰勿專用冷水浸手足防引起狂邪之風犯之令人瘋病體重

食治通說夏月不宜飲冷何能全斷但勿宜過食可矣

又云冷水與生硬菓油膩甜食恐不消化亦不宜多飲湯水飲

便民纂曰途中一時中暑身死者勿可用冷水灌沃急就道上取熱土壅于死者臍上成堆中間撥開作

一孔令人撒尿澆入臍孔次用生薑大蒜搗爛熱湯送下即活

瑣碎錄曰暑月瓮壜大日晒熱不可即取盛裝飲食恐收暑氣

楊公忌曰初三日不宜問疾

七月事宜

孝經緯曰大暑後十五日斗指坤爲立秋秋者揫也物于此而揫歛也後十五日斗指申爲處暑言漬暑將退伏而潛處也律夷則夷者傷也則法也言金氣

始肅萬物於此凋傷猶被刑戮之法也晉樂志七月爲申申者身也言萬物身體皆成就也時爲龍火七月爲蘭月

是月也天道東北行作事出行宜向東北吉不宜用申日犯月建作事不吉

白雲雜忌曰七日取麻勃一升并人參半升合蒸氣盡令徧服一刀圭令人心地聰明

雲笈七籤云七日曝皮裘可以辟蛀

家塾事親曰七日取角蒿置氊褥書籍中可以辟蠹

又云辟蛇

又云收芙蓉葉可以治腫乾取末醋調一味敷腫上可消

七日取百合根熟擣新瓦器盛之掛于屋內陰乾百日拔白以此襂之可生黑髮

常氏日錄曰七月上甲日採枸杞花八月上酉日治服之又云立秋日人未起時汲井水長幼皆少飲之却病

又云七日取螢火十四枚撚白髮自黑

常氏日抄云七日採蒺藜子陰乾擣末食後服治眼失明

法天生意曰秋三月戊子巳亥庚子辛亥宜煉丹藥宜入山修道

雲笈七籤曰是月十六日剪指甲燒灰服之能滅九虫三尸

十一日取枸杞煎湯沐浴令人不老不病

又云此月二十三日沐令髪不白二十五日沐令人壽長

千金月令曰七日暑氣將伏宜食稍涼以爲調攝法用竹葉一把梔子二箇切碎用水熬煎澄清去渣用淘粳米磨作泔粉服

神仙餌松實法七月取松卵中仁去木皮擣如膏每服鷄子大一團日三服久服身輕三百日後可行五百里之遠

竹葉粥中暑者宜用竹葉一握山梔一枚煎湯去渣下

立秋太陽未升採楸葉熬膏搽瘡瘍立愈名楸葉膏

熬法以葉多方稠

又曰七月七日採蓮花七分八月八日採藕根八分九月九日採蓮實九分陰乾搗細煉蜜爲丸服之令人羽化

又曰七日取烏鷄血和三月三日收起桃花片爲末塗面令人瑩白如玉

家塾事親曰七日取蜘蛛一枚着領中令人記事不忘

七月取槐角子熟搗成汁納銅鉢中晒成膏捏爲鼠

屎大納肛門內治痔

又曰七日取苦瓠白瓠絞汁一合以醋一升古錢七箇和均以火煎之令人稀稠得所點入眼眥中治眼黑暗

又七日採麻花五月五日收麻葉搗作炷圓灸生瘰癧瘡上百壯

法天生意云七日採麻花陰乾爲末烏麻油浸每夜擦上眉毛脫落者立生

是月二十三日二十八日拔白永不再生

七月五日是三會日宜修迎秋齋

修真指要曰中元十五日可修齋謝罪

立秋日用新水吞赤小豆十四粒一秋可免赤白痢疾

七夕乞巧使蜘蛛結萬字造明星酒同心膾

本草云七月七日採慎火花苗葉五兩鹽三兩同搗絞汁治熱毒

七月事忌

七月日時不宜用　犯月建百事不利初八二十二

忌裁衣交易

初七日勿想惡事

白雲忌曰七月勿食蓴上有蠲虫害人勿食韭損人目

孫真人曰勿食鴈傷人勿食菱肉動氣勿食多生蜜令人暴下霍亂

法天生意曰立秋後十日瓜宜少食

月令云立秋勿食煮餅及水溲餅勿多食猪肉損人神氣

楊公忌曰初一日二十九日不宜問疾

是月初七爲道德臘十五日爲中元二日戒夫婦入房

秋八月事宜

孝經緯曰處暑後十五日斗指庚爲白露陰氣漸重露凝而白也後十五日斗指酉爲秋分陰生于午極于亥故酉其中分也仲月之節爲秋分秋爲陰中陰陽適中故晝夜長短亦均焉律南呂南者任也呂者助也言陽氣尚有妊生陰助陽成功也辰酉酉者緧

也謂時物皆緧縮也

玄樞曰天道東北行作事出行俱宜向東北吉

不宜用酉日犯月建不吉

荆楚記曰是月初十日以朱砾點小兒額上爲之天灸以厭疾也

纂要曰十九日援白汞不生初二初四十五二十五同

雲笈七籤云是月行路間勿飲陰地流泉令人發瘧脚軟

社日人家繃褓兒女俱令早起恐社翁爲祟與春社
同
雲笈七籤曰是月八日取枸杞煎湯沐浴令人不老
不病
文曰二十二日沐浴令人無非禍
千金月令曰此月可食韭来露葵
齊諧記曰八月初一日作五明囊盛取百草頭露以
洗眼眼明
述僊記曰八月一日以絹囊承取栢樹下露如珠子

取拭兩目明爽無疾

是日可修逐邪齋

纂要曰是月初三日初七日俱宜沐浴令人聰明不老

又云二十五日宜浴却病

圖經曰八月楮實子紅熟甲子日採來水浸去皮穰

仙方單服其實

又云採楮子曬乾爲末服方寸匙稍增至多欲絕穀延年

雲笈七籤曰二十五日天倉開宜入山修道

八月事忌

千金方曰勿食萌芽傷人神膽喘悸脇肋氣急勿多食新薑勿食生蒜

又曰勿食猪肺及飴和食令人發疽勿食雉肉勿食猪肚冬成嗽疾

楊公忌曰二十七日不宜問疾

自霜降後方可食蟹蓋中膏内有腦骨當去勿食有毒

雲笈七籤曰：起居勿犯賊邪之風，勿多食肥腥，令人霍亂。

千金月令曰：秋分之日勿殺生，勿用刑，勿處房帷，勿弔喪問疾，勿大醉。

二十九日忌遠行，水陸不吉。

雲笈七籤曰：是月初八日勿買布，買鞋履附足大爲忌。

九月事宜

孝經緯曰：秋分後十五日，斗指辛爲寒露，謂露冷寒而將欲凝結矣後十五日斗指戌爲霜降氣肅露凝結而爲霜矣故云駟見而隕霜（駟房星也）律無射射者出也言陽氣上升萬物收藏無復出也然隨陽而終當隨陰而起無終已也辰爲戌戌者滅也謂時物皆衰滅也

是月也天道南行作事出行俱宜向南吉不宜用戌日犯月建不吉

風土記曰是月九日採茱萸插頭鬓辟惡氣而禦初寒

是月二十日宜齋戒沐浴其日雞鳴時沐浴令人辟兵

二十一日取枸杞煎湯沐浴令人光澤不老二十八日宜沐浴

二十一日天倉開宜入山修道

千金月令曰宜進地黄湯其法取地黄洗淨以竹刀切薄晒乾用時火焙爲末碾細充湯服煎如茶法爲妙

四時纂曰取枸杞子浸酒飲令人耐老

又仙方云修長生者保命莫切于豨薟草五月五日七月七日九月九日採

聖惠方曰甘菊花晒乾三升入糯米一斗蒸熟菊花搜拌如常造酒法多用細麵麯候酒熟飲一小杯治頭風旋運等疾

雲笈七籖曰是月採白术蒸曝九次晒乾爲末日服三次不饑延年益壽

食療本草曰此月後宜食野鴨多年小熱瘡不愈食多即瘥

九日採甘菊與茯苓松栢脂丸服令人不老
纂要曰是月宜合三勒漿過此月則不佳矣用訶梨勒批梨勒菴摩勒三味和核搗如麻豆大用三兩次用蜜一斗以新汲水二斗調均傾瓮中即下三勒熟攪密封三四日後開又攪之以乾淨布拭去汗候發定密封共三十日方成味甚美飲之消食下氣
西京記曰九月佩茱萸餌糕飲菊花酒令人壽長無疾
呂公記曰九月天明時以片糕搭兒女頭額更祝曰

願兒百事俱高作三聲

又曰九日造迎凉脯羊肝餅佩瘦木符

千金方曰是月內於戌地開坎深二三尺埋炭五斤土覆戌爲火之墓地以禳火灾炭多可加

真誥曰十六日宜拔白永不生

九月事忌

千金月令曰是月勿食脾季月土旺在脾也

雲笈七籤曰季秋節約生冷以防痢疾勿食新薑食之成痼疾

又云勿多食雞令人魂魄不安九日勿起動床席當修延筭齋

月忌曰勿食犬肉傷人神氣

又云勿食霜下瓜冬發翻胃勿食葵菜能令食不消化

雲笈七籤曰是月十八日忌遠行

楊公忌日二十七日不宜問疾

十月事宜

孝經緯曰霜降後十五日斗指乾為立冬冬者終也

萬物皆收藏也後十五日斗指亥爲小雪天地積陰
溫則爲雨寒則爲雪時言小者寒未深而雪未大也
律應鍾鍾者動也言物應陽而動下藏也於亥亥者
劾也言時陰氣劾殺萬物也通緯記曰十月爲正
陰曰陰月要纂曰上冬
是月天道南行作事出行宜正南方吉不宜用亥日
犯月建不吉
十六日天倉開宜入山修道
又曰初十日十三日宜拔白

五行書曰是月亥日食餅令人無病

是月宜進棗湯其方取大棗去皮核於文武火上翻覆焙香然後泡作湯服

攝生圖曰初一日宜修成福齋初五日修三會齋勿行譴責

決明子主青盲目淫膚赤白膜痛淚又療脣口青色十月十日採陰乾

冬三月戊寅己卯癸酉辛巳丁亥及壬丙戊癸宜煉丹藥

是月宜服棗湯鍾乳酒枸杞膏地黄煎等物以養陽

中氣方俱在前

雲笈七籤曰十月十四日取枸杞煎湯沐浴令人光

澤不病初一日十八日俱宜沐浴吉

冬至日陽氣歸内腹宜温暖物入胃易化

修眞指要曰十五日下元吉辰可修謝過齋

本草本方云槐子乃虚星之精是月上巳日採而

吞之每服二十一粒去百病長生通神

是月宜食芋無礙

十月事忌

是月初一十四日忌裁衣交易

白丕方忌十月忌食豬肉發宿氣且亥爲豬肖宜忌之

是月二十五日不宜問疾

是月初一日爲民歲臘十五日爲下元二日戒夫婦入房

二十日忌遠行

十一月事宜

孝經緯曰小雪後十五日斗指壬爲大雪言積陰爲雪至此栗烈而大矣後十五日斗指子爲冬至陰極而陽始至日南至漸長至也白虎通曰始律黄鍾何黄中色也鍾動也言陽氣動於黄泉之下欲養萬物也樂志曰辰子子者孳也言陽氣至此更滋生也呂氏曰仲冬爲暢月

月纂天道東南行作事出行宜向東南吉

纂要曰共工氏子不才以冬至日死爲疫鬼畏赤小豆是日以赤小豆煮粥厭之

七籤曰是月初十日取枸杞葉煎湯洗浴至老光澤
十五十六日俱宜沐浴
千金月令曰是月可服補藥不可餌大熱之藥宜早
食宜進宿熟之肉
又曰至日於北壁下厚鋪草而臥以受元氣
纂要曰是月初十日宜拔白髮
五經通義曰至後陽氣始萌陰陽交精萬物氣微在
下不可動泄
簡易方曰冬至日鑽燧取火可免瘟疫

仙經曰十一日天倉開宜入山修道修啟福齋

歲時雜記至日以赤小荳煑粥合門食之可免疫

冬至煎餳綵珠戴一陽巾

十一月事忌

纂要曰是月勿食龜鼈肉令人水病勿食生菜發宿疾勿食生韭多涕唾

又曰初四日勿責譴下人大忌

又曰十一日不可沐浴勿以火炙背

翰墨全書曰是月二十五日爲掠剩大夫忌勿犯交

姤凶至後十日夫婦當戒客止
纂要曰是月十二日二十二日忌裁衣交易
千金囊曰冬至後庚辛日不可交合大凶
又曰勿枕冷石鐵物令人目瞎
又曰勿食螺螄螃蠏損人志氣長屍蟲
雲笈七籤曰二十日不宜遠行
二十三日不可問疾
不用子日犯月建作事不吉
禮儀志曰至日鑽燧取火可止瘟病是月勿多言當

閑關靜坐以迎一陽之生

雲笈七籤曰仲冬腎氣旺心肺衰宜助肺安神調理脾胃無乖其時勿暴溫煖勿犯東南賊邪之風令人多汗腰脊強痛四肢不通

十二月事宜

孝經緯曰冬至後十五日斗指癸為小寒陽極陰生乃為寒今月初寒尚少也後十五日斗指丑為大寒至此栗烈極矣律大呂呂者拒也言陽氣欲出陰拒之也樂志曰辰丑丑者紐也言終始之際以紐結為

名也

月纂曰天道西行作事出行俱宜向西不宜用丑日

犯月建作事不吉

墨子秘錄曰是月癸丑日造門盜賊不能進

瑣碎錄曰臘月子日晒薦蓆能去蚤虱

又曰是月取豬脂四兩懸於厠中入夏一家無蠅

二十四日床底點燈謂之照虚耗也

本草念四日取活鼠油煎爲膏敷湯火瘡滅瘢疵極

良

玄樞曰除日以合家頭髮燒灰同脚底泥包投井中

却五瘟疫鬼

七籤曰除夜枸杞湯洗浴令人不病初一初二初八

十三日十五二十日沐浴去災悔吉

除日掘宅四角各埋一大石爲鎮宅主災異不起

除夜宜燒辟瘟丹并家中所餘雜藥焚之可辟瘟疫

可焚蒼术 方見五月

法天生意云初七初十十八二十日拔白髮

又云除夜有行瘟使者降於人間以黃紙朱書天行

巳過四字貼於門額吉

是月收雄狐膽若有人暴亡未移時無及矣當預備之

是月取青魚膽陰乾如患喉閉及骨鯁者以此膽少入口中咽津即解

又曰是月取皂角燒爲末留起遇時疫早起以井花水調一錢服之効

十二月事忌

千金方是月勿食猪脾旺在四季故耳

是月勿歌舞犯者凶
月忌二十一日不可問疾初七日不宜水陸遠行凶
初九日二十五日忌裁衣交易
瑣碎錄曰除夜勿嗔罵奴僕并碎器皿仍不可沈醉
八日名王侯臘忌夫婦入房

神呪錄

宋 皇甫周

主夜神呪

呪曰婆珊婆演底雍盗堅曰主夜神呪持之有功德夜行及寐可以恐怖惡夢

附夷堅志曰予為禮部郎日齋宿祠官與宋才成裴侍郎夜語及神異事宋云吾往日畏夢人授一偈纔數字覺而異之每獨處臨臥輒誦百遍覺心志自然不復恐予曰非所謂婆珊婆演底乎宋驚曰未嘗言

君何以知之子言不唯知其名且能究所出宋請予
道本末予曰始讀段成式酉陽雜俎載主夜神呪曰
婆珊婆演底持之夜行及寐可却恐怖惡夢而莫曉
其故後讀華嚴經乃得其説宋卽求經于近寺檢視
經之言曰善才童子參善知識至閻浮提摩竭提國
迦毗羅城見主夜神名曰婆珊婆演底神言我得菩
薩破一切衆生癡暗法光明解脱我于夜暗人靜鬼
神盜賊諸惡衆生所遊行時密雲重霧惡風暴雨日
月星辰並皆昏蔽不見色時見諸衆生若入于海若

行于陸山林曠野諸險難處或遭盜賊或乏資糧迷惑方隅或忘道路張惶憂怖不能自出我時即以種種方便而救濟之爲海難者來作船師魚王馬王龜王象王阿修羅王及以海神爲彼衆生止大風雨息大波浪引其道路示其洲岸令彼怖畏悉得安穩一切衆生于夜暗中遭恐怖者現作日月及諸星辰晨霞夕電種種光明或作屋宅或爲人衆令其得脫恐怖之厄爲行曠野稠林險道藤蘿所罥雲霧所暗而恐怖者令得出離云云其神力如此蓋不止夜暇一

事也予每見人多疑懼怯魔于是勸使誦持多有驗

觀音洗眼呪

台州僧處瑫中年病目常持誦大悲呪夢觀音傳授法偈令每旦呪水七遍或四十九遍用以洗眼凡積年障翳延患赤腫無不痊愈處瑫跪受而籍悉能記憶如說誦持不踰時平愈壽至八十八其偈曰救苦觀世音施我大安樂賜我大方便滅我愚痴暗除却諸障礙無明諸罪惡出我眼室中使我視物光我今說是偈洗懺眼識罪普放淨光明願覩微妙相

金剛呪驗

青州人柴注爲壽春郡司理因鞫刼盜獄一因言離城三十里間開旅邸每過客携囊槖獨宿多殺之投尸于白沙河中前後不知若干人惟謀一老嫗不得注問其故因曰項年者嫗獨寄宿其與兄弟言今夜好個經紀至更深遣長子推戶久乃還曰若有人抵戶而立不可啟某不信提刀自行及門穴壁窺之見紅光中一大神與房上下等背門而立氣象甚怒某驚懼失聲幾于顛仆天將明門方開嫗正坐理髮誦

經不已問何經曰金剛經也乃知昨夜神人蓋金剛云

辟兵呪

姑蘇盧彦仁龍圖閣直學士宣和中居鄉夢與兄張元英遊行後圃方冬搖落而花卉秀茂風景不類常日道左一臺極峻有男子在傍持幅紙大書佛呪語九字爲三行曰唵阿遊阿嚏利對婆呵以授彦仁曰能持此呪可免兵難是時天下大寧殊不以介意男子作色曰此事甚迫獨不懼邪彦仁與之即跪受連

誦十數遍旣覺筆跡歷歷在目自爾日誦百二十遍後數歲中原大亂胡馬飲江姑蘇禍最酷盧氏親黨隣里死亡畧盡獨彥仁一家周旋踰年雖童僕無媼無一傷者

厭呪法

厭盜法七日以鼠九枚置籠中埋于地秤九百斤土覆坎深各二尺五寸築之令堅固襍五行書曰亭部地上土塗竈水火盜賊不經塗屋四角鼠不食蠶塗倉廩鼠不食稻以塞埳百鼠種絕

治湯火呪

俚巫多能持呪語而能救蹈湯火者元仲弟得其訣爲人拯治無不立差其呪但云龍樹王如來授吾行持北方壬癸禁火大法龍樹王如來吾是北方壬癸水斬除天下火星辰千里火星辰必降急急如律令呪畢手握真武印吹之即用少許冷水洗雖火燒手足成瘡皆可療

擲骰子呪

唐宋居士說擲骰子呪云伊帝彌帝彌揭羅帝念滿

十萬遍彩隨呼而成

續神咒錄

古杭高濂

見不祥咒

凡進齋入室見不祥之物者常念北帝咒南向叩齒三下咒曰

二象廻傾玄一之精七靈護命上侍三清雙皇驅除赫奕羅兵三十萬人侍衛神營巨獸百萬威攝千精揮劍逐邪馘落魔靈神伯所咒千妖滅形畢叉叩齒二十六通

治急病咒

凡受三五法在存識三天貞名三司貞名有急災困病三大嗘天名啓呼三師名即災病皆消

上清微天貞名 防中

中禹餘天貞名 元

下大赤天貞名 德丘

右三天貞名也

左無上貞名 叒郎天字也

右玄老貞名 众郎人字也

中央太上眞名[illegible]即地字也

右三師名

寢室臥咒

凡人臥床常令高則地氣不及鬼吹不干鬼氣侵人
常因地氣而逆上耳人臥室宇當令潔盛盛則受靈
氣不潔則受故氣故氣之亂人室宇者所爲不成所
依不立一身亦爾當數沐浴潔淨

黃素四十四方經云夜寢欲合眼時以手撫心三過
閉目微咒曰太靈九宮太乙守房百神參位魂魄和

同長生不死塞滅邪凶咒畢而魂魄安寧永獲貞吉

耳鳴咒

斗神嬌女云耳鳴外使人也如鐘聲以鬬丸宮鳴者常掩耳而咒曰赤子在宮九真在房清聽神命亦察不祥太乙流火以滅萬凶

惡夢咒

太素真人教始學者辟惡夢法若數遇惡夢者一曰魄妖二曰心試三曰尸賊此乃厭消之方也若夢覺以左手捻人中二七過叩齒二七通微祝曰

太洞真玄長練三魂第一魂速守七魄第二魂速守泥丸第三魂受心節度速啟太素三元君向遇不祥之夢是七魄遊尸來協邪源急召桃康護命上告帝君五老九真各守體門黃闕神師紫戶將軍把鉞握鈴消滅惡精返凶成吉生死無緣畢若又卧必獲吉應而造爲惡夢之氣則受閉於三關之下也

思三台厭惡咒

上台虛精　中台六淳又作六停　下台曲生

右三台內諱知者衆惡悉除諸善備至

凡於靜房端坐思三台覆頭次思兩腎氣從脅中出與三台相連久久思畢二七啄齒二鼻微微內氣閉口滿便嚥之嚥畢乃咒曰

節榮節榮願乞長生太玄三台常覆我形出入行來萬神攜營步之五年仙骨自成步之七年令藥皆精步之十年上昇天庭

厭惡夢咒

若人夢寤不真魄協自氣以接其心欲伺我神之間伏也每遇夢惡但北向啟

太上大道君具言其狀不過四五則自消絶也青童君口訣曰夜遇惡夢非好覺當卽返枕而咒曰

太靈玉女侍真衛魂六宫金童來守生門化惡返善上書三元使我長生乘景駕雲畢嚥液七遍叩齒七通而更卧如此四五次益爲有驗此咒亦返惡夢而更吉祥也

行路咒

凡行來畏恐常鳴天鐘於左齒三十六通先閉氣左嘯之叱叱五通常行之辟精邪惡物不祥之氣常夜

寢臨欲眠時以手撫心叩齒三通閉目微咒曰太靈九宮太一守房百神參位魂魄和同長生不死塞滅邪凶咒畢而寢此名爲九宮隱咒寢魂之法常能行之使人魂魄安寧常保吉祥

祛虱咒

祛身上生虱法口吸北方氣一口吹于筆尖寫三五寸長黄紙上欽深淵默漆五字置之床席衣領間可辟虱虱似有理也人身大虱以一置之臺上將虱頭朝北決不北行惟走三方雖有次亦不北向也此法

甚合風性

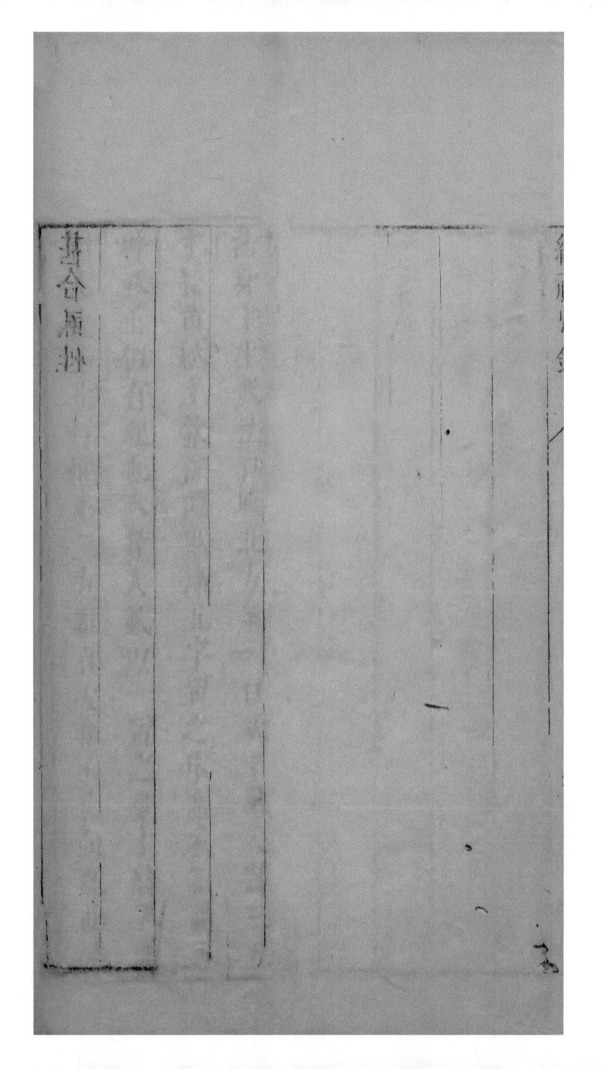

百怪斷經

宋　俞諭

噓嚏占

子時

主酒食

丑時

主女思

寅時

主女相和

卯時
主財喜
辰時
主酒食
巳時
主人來財
午時
主有客來
未時

主酒食

申時

主驚不利

酉時

主文人來求

戌時

主和合

亥時

主吉利

眼跳占

子時

左主貴　右主酒食

丑時

左主憂　右主人思

寅時

左主行人　右主吉

卯時

左主貴人　右主平安

辰時

左主客來　右主害

巳時

左主酒食　右主凶

午時

左主得意　右主凶

未時

左主吉　右主喜

申時

左主財　右主文思

酉時

左主音信　右主客至

戌時

左主他喜　右主酒食

亥時

左主貴人　右主官事

心驚占

子時

有女人思

丑時

惡事不利

寅時

有客來

卯時

有酒食

辰時

有喜事

巳時

有大獲

午時

主有酒食

未時

有女人思

申時

主喜事

酉時

主喜信

戌時

有官客至

亥時

主惡服夢怪大凶

耳鳴占

子時

左主女愚　右主失財

丑時

左主他喜　右主口舌

寅時

左主失物　右主心焦

卯時

左主坎坷　右主客至

辰時

左主得意　右主行人至

巳時

左主凶　右主大吉

午時

左主信　右主親人至

未時

左主他役　右主遠人來

申時

左主行人　右主吉

酉時

左主失財　右主吉

戌時

左主遠行　右主康

亥時

左主吉　右主凶

耳熱占

子時

主有僧道來議事

丑時

主有喜事大吉

寅時

主有酒食吃

卯時

主有遠人來

辰時

主有喜事大吉

巳時

主失財物不利

午時

主有喜事來

未時

主有奇獲

申時

主有客來酒食

酉時

主女子至婚事

戌時

主有爭訟口舌

亥時

主有詞訟口舌

鴉鳴占

寅卯時

正東送物　東南爭　正南吉　西南吉

正西外人思　西北酒食　正北口舌　東北病

辰巳時

正東風雨　東南女客　正南相命　西南爭

正西官訟　西北貴人至　正北相命　東北親至

午時

正東爭　東南親客　正南爭　西南不寧
正西送物　西北酒食　正北六畜至　東北送物
未申時
正東凶　東南凶信　正南遠信　西南大雨
正西吉　西北親客　正北失物在　東北客至
酉時
正東公事　東南外服　正南故人　西南相召
正西客至　西北失物　正北病　東北客至
凡烏鵲之鳴有呼群與子者有競食爭巢者其音

相似難以一槩占但其鳴向我異于常鳴者是鴉之報也是以占之甚驗經曰鴉鵲不爲世俗鳴則占于無益乃爲大德者所報凡占先要所在何方飛鳴而來却看鳴時是何時辰若在百歩之外不必聽也

相地骨經

漢青烏子授

盤古渾淪氣萌大朴分陰分陽爲清爲濁生老病死誰實主之無其始也無其議焉不能無也吉凶形焉曷如其無何惡於有藏於杳冥實關休咎以言諭之似若非是其於末也若無外此其若可忽何假於予辭之痝矣理無越斯山川融結峙流不絕雙騈若無爲烏乎其別福厚之地雍容不迫四合週顧辨其主客山欲其凝水欲其澄山來水廻逼貴豐財山止水

流虜王囚侯山頓水曲子孫千億山走水直從入寄食水過東西財寶無窮三横四直官職彌崇九曲委蛇準擬沙堤重重交鎖極品官資氣乘風散脈過水止藏隱蜿蜒富貴之地不畜之穴是謂腐骨不及之穴主人絕滅騰漏之穴翻棺敗槨背囚之穴寒泉滴瀝其爲可畏可不愼乎百年幻化離形歸眞精神入門骨骸反根吉氣感應鬼神及人東山起焰西山起雲穴吉而溫富貴綿延其或反是子孫孤貧童斷與石過獨偪側能生新凶能消已福貴氣相資本源不

脫前後區衛有主有客水流不行外狹內闊大地平洋杳茫莫測沼沚池湖真龍憩息情當內求愼勿外覓形勢彎趨生享用福勢止形昂前淵後岡位至侯王形止勢縮前案回曲金穀碧玉山隨水著迢迢來路挹而注之穴須回顧天光下臨百川同歸真龍所泊孰辨玄微蟆蝦老蚌市井人煙隱隱隆隆孰探其源若乃斷而復續去而復留奇形異相千金難求折藕貫絲真機莫落臨穴坦然形難捫度障空補缺天造地設留與至人前賢難說草木鬱茂吉氣相隨內

外表裏或然或為三岡全氣八方會勢前遮後擁諸祥畢至地貴平夷土貴有支穴取安止水取迢遞向定陰陽切莫乖戾差之毫釐謬以千里擇術之善建都立縣一或非宜立主貧賤公侯之地龍馬騰起面對玉圭小而首銳更過本方不學而至宰相之地繡檄伊邇大水洋朝無極之貴空闕平夷生氣秀麗外臺之地捍門高峙屯軍排迎周圍數里筆大橫椽足判生死官貴之地文章插耳魚袋雙連庚金之位南火東木北水鄙拔地有佳氣隨土所生山有吉氣因

方而止文士之地筆尖而細諸水不隨虛馳名塋大富之地圓峯金櫃貝寳沓來如川之至小秀清貴圓重富厚貧賤之地亂如散錢達人大觀如示諸指幽陰之宫神靈所主葬不斬艸名曰盜葬葬及祖墳殃及子孫一墳榮盛十墳孤貧穴吉葬凶與棄屍同陰陽合符天地交通内氣萌生外氣成形内外相乘風水自成察以眼界會以情性若能悟此天下横行

近世相家家必稱郭氏大氐多宗青烏子青烏子有相地骨一卷恐即是編耳但其語不類漢六豈

託於青鳥子爲之